U0923564

# 孩子，我想成为更好的父母

## 陪孩子走过10～12岁

俞敏洪 主编 / 新东方家庭教育研究与指导中心 著

浙江教育出版社·杭州

## 图书在版编目(CIP)数据

孩子，我想成为更好的父母. 陪孩子走过10～12岁 / 俞敏洪主编 ; 新东方家庭教育研究与指导中心著. -- 杭州 : 浙江教育出版社, 2021.4（2024.4重印）
ISBN 978-7-5722-1574-2

Ⅰ. ①孩… Ⅱ. ①俞… ②新… Ⅲ. ①小学生一家庭教育 Ⅳ. ①G782

中国版本图书馆CIP数据核字(2021)第052152号

---

**孩子，我想成为更好的父母　陪孩子走过10～12岁**
HAIZI，WO XIANG CHENGWEI GENG HAO DE FUMU PEI HAIZI ZOUGUO 10~12 SUI
俞敏洪　**主编**　新东方家庭教育研究与指导中心　**著**

---

**责任编辑**　赵清刚
**美术编辑**　韩　波
**责任校对**　马立改
**责任印务**　时小娟
**特约编辑**　王焕坤
**封面设计**　路丽佳
**版式设计**　李　韬
**插图绘制**　杨金利
**出版发行**　浙江教育出版社
地址：杭州市天目山路40号
邮编：310013
电话：（0571）85170300 - 80928
邮箱：dywh@xdf.cn
网址：www.zjeph.com
**印　　刷**　北京宝隆世纪印刷有限公司
**开　　本**　880mm×1230mm　1/32
**成品尺寸**　145mm×210mm
**印　　张**　5
**字　　数**　94 000
**版　　次**　2021年4月第1版
**印　　次**　2024年4月第2次印刷
**标准书号**　ISBN 978-7-5722-1574-2
**定　　价**　40.00元

---

# 编委会

# 序一

Preface

当今时代，由于社会环境、家庭环境等都在发生着很大的变化，父母在养育孩子方面也面临前所未有的机会和挑战。民主观念深入人心，父母不再是高高在上的权威；互联网覆盖各行各业，人们的学习方式和沟通方式发生了巨大改变；出国留学不再是少数人的“专利”，走出国门的孩子愈来愈低龄化……面对新的机会和挑战，父母如何做才能成为合格的父母？

中国有句古话叫“功夫在诗外”，讲的是一个人能够写一首好诗，并不是全靠作诗的技巧，或者靠背诵唐诗三百首、宋词六百首，其实更加重要的是这个人在诗之外的眼界、胸怀、价值观和人生阅历等，这些对作诗会有很大的影响。这句话用在教育中我也非常认同，那就是“功夫在学外”。

我见过一些对孩子的教育比较成功的家庭，发现这些家庭的家长并没有把工夫都花在孩子各门功课的学习上。如果家长把全部精力放在孩子的功课上，甚至不给孩子业余活动时间，不带孩子去了解世界，也不培养孩子的读书习惯，就算孩子学习成绩很好，也不意味着他们在未来有很大的发展潜力。家长真正需要在意的应该是孩子怎样拥有积极向上的人生态度，怎样保持身心健康，怎样面对遇到的挫折、困难，怎样在失败面前成长起来，怎样学会与人进行良好的沟通……这些都很重要，这才是“学外”的功夫。

其实，如果把家长看作一个职业的话，家长就需要通过学习和实践来获得胜任这一职业所需的观念、知识、方法、能力等。可喜的是，现在越来越多的父母意识到自我教育的重要性，他们努力学习科学的育儿理念和方法，并借助各种平台互相分享和交流。养儿育女的过程就像是一段与孩子同行的旅程，父母时而在前引导孩子，时而在旁陪伴孩子，时而在后守护孩子。在旅途中父母和孩子彼此照应，共同前进。正是有了父母的引导、陪伴和守护，孩子才能安全、健康地成长。

同时，父母需要不断提高自己的判断力，在面对具体问题时，要能够判断如何做才更有利于孩子的身心健康。除此之外，父母要保持情绪稳定，要为孩子树立榜样，要多鼓励孩子，培养孩子的勇气，锻炼孩子的自主能力，培养孩子接受失败并重新奋发的能力等，这些都非常重要。

这个世界上唯一不变的就是变化，只有适应变化和拥抱变化，才能跟上甚至引领时代的潮流。面对孩子的教育，家长需要有一种使命感，因为你的孩子不仅仅是你自己的孩子，还是未来世界的主人。家长需要思考培养孩子的目标到底是什么，也需要反思家庭对孩子会产生什么影响。因为家庭教育的成败不仅仅关乎一个家庭，还关乎国家、民族、社会的进步和发展。

我一直相信成长的力量，新东方自 1993 年创建以来，没有一刻停止过成长的脚步，在家庭教育领域亦是如此。如果家长追求成长，尤其是精神和心灵方面的成长，就会潜移默化、春风化雨般滋养孩子的成长。如果家长只是一味地要求孩子，自身却停滞不前，就不可能为孩子创造良好的成长环境，孩子的成长可能会受到阻碍。所以，孩子的成长是父母和孩子一起成长的结果，做新时代的新父母需要我们更加重视自身的成长。

新东方愿意与各位家长朋友携手共同成长！

俞敏洪

新东方创始人、新东方教育科技集团董事长

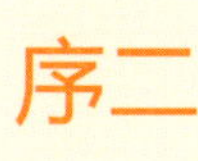

# 序二

Preface

## 当父母的意义

当翻看这套“孩子，我想成为更好的父母”时，第一感觉就是今天做父母好难，要工作，要养孩子，还要学习如此多的养育知识。既然这样难，那人们为什么还要做父母呢？只有明了当父母的意义，才能够享受做父母的快乐，才能够真正拥有一颗为人父母的平常心。

在大部分中国人的传统观念中，生养孩子有着重要的文化意义和生存意义。一是传宗接代，让家族的血脉得以延续，在这一意义上，孩子的成长就具有了代际相传的使命感，优秀的孩子可以光宗耀祖。所以，很多父母倾其所有将孩子培养成才，在众人面前感受着“有出息的孩子”带来的荣耀。二是养儿防老，把生养孩子作为一种代际的利益交换，父母年轻的时候养

孩子，年老的时候由孩子陪伴和养老送终。这两种生养孩子的意义在今天依然延续着，持有第一种观念的父母常常有着巨大的压力，唯恐孩子“不争气”；持有第二种观念的父母，会把孩子紧紧拴在自己身边，不希望他们远走高飞。本质上，这两种对“做父母”意义的理解都不是以父母自身和孩子自身为出发点的，而是以家庭为出发点的。

现代社会，“做父母”有了新的意义。不少年轻的父母表示，当父母的意义就是为了参与一个生命的成长！在参与的过程中，父母的生命本身有了意义，养育过程中有种种困难要克服、有大量的不求回报的付出，还有带着泪花的喜悦。做父母的意义就是陪伴一个小小的、和自身有着血肉关系的生命从稚嫩走向成熟，从依赖走向独立！在这一意义上，做父母就是一个过程，是陪伴、参与，以及与孩子一起成长的过程。

持有“参与一个生命的成长”的理念，父母的心态会发生变化，会对孩子的到来和共同的生活、学习、运动充满感恩之情，会时常感恩小生命的陪伴。持有这样的理念，家长们就不会再抱怨“孩子怎么这么笨”“孩子怎么总爱生病”“孩子为什么不听话”。父母们会知道，时光荏苒，要珍惜和孩子在一起的每分每秒。

我曾开设过针对父母的“生命教育”课程，课上我会让父母们想象自己遇到灾难（如飞机出现故障），并要求他们在五分钟之内，给孩子留下最想说的话和对孩子的期望。在所有写下的期望中，没有一个父母提到孩子的考试成绩，几乎所有父母都在倾诉自己对孩子的爱，期望孩子身心健康、未来能够自食其力、做个对社会有用的人。这就是做父母的初衷，所以不要忘记初衷！

如果父母期望孩子身心健康，那就多花些时间陪伴孩子一起运动；如果父母期望孩子能够自食其力，那就在学习之余教给孩子生存的能力和不怕困难的品质。父母只能陪伴孩子一段时光，孩子终究要长大，要自立，要自己走向社会，要承担起责任。父母能够放飞孩子，孩子才能飞得更高、飞得更远。

为人父母，我们一定要记住初心！

佟新

北京大学社会学系教授

# 目录

Contents

## 第一章

# 教育的变化

# 家庭文化的价值所在*

不同家庭培养出来的孩子各有不同，家庭的整体环境、父母的个性、家人的朋友圈等因素都会对孩子的成长产生巨大的影响。社会文化环境或许一时难以改变，但是我们从家庭做起，把自己的家庭维持好总是可以做到的。

不同家庭培养出来的孩子各有不同，这大多是因为家庭文化不同。比如，书香门第走出来的孩子，一般会有书香气。总的来说，一个家庭对孩子的影响主要来自以下几个方面：

第一个方面是家庭整体环境的影响。如果一个家庭的父母特别好客，孩子长大了一般都比较大方。以我为例，我父母就是特别好客的人。我们家其实并不富裕，但是就算从地里弄出两碗青菜，父亲与母亲也会让同村的人来吃。所以几乎每个礼

* 本书第一章前九篇文章的作者，均为新东方创始人、新东方教育科技集团董事长俞敏洪。

拜都有同村的人跑到我们家吃饭，因此我也从小就养成了爱热闹的习惯。从小到大，我很少去蹭别人的饭，反而是我热烈地欢迎所有人来蹭我的饭，这就是家庭环境的影响。

当然，家庭整体环境对孩子造成的影响远不止我刚刚说的这些。比如，一对孤僻的父母带出来的孩子多数是孤僻的，有虚荣心的父母带出来的孩子多数是虚荣的，对自己外表特别注重的父母带出来的孩子也往往会因为自己的外表产生自信或者自卑的心理。

第二个方面是父母个性的影响。我发现如果父母脾气暴躁的话，孩子的个性会向两个极端发展。要么他会因为害怕脾气暴躁的父母，个性变得极其懦弱；要么就走向另一个极端，出于反抗的心理，比父母的脾气还要暴躁。这样的家庭绝对不可能培养出一个温和而坚强的孩子，因为这个家庭的父母个性中没有温和、坚强的文化，没有文化就像没有土壤，怎么培育出这样的种子来？所以说父母的个性决定了孩子的个性。

再以我自己为例，我身上的两种个性都是从父母那传下来的。一方面，我身上有豪放精神，这来自我的父亲，因为我父亲就是豪放的人。他对家里有没有钱、能不能维持生计都不在乎。他自己做木工，如果拿到工钱，就在大街上买了酒喝完再回家。我从四岁开始，就跟着父亲到马路上喝酒，他一碗，我一碗，我的酒量就这么练出来了。为此我母亲常常和他吵架，他从来不还嘴，这就是男人的风度。他的这些气质确实影响了我。

我身上还有很坚强的一面，这来自我的母亲。若非如此，我是做不出新东方的。我母亲身上的那种坚定、坚强和做事情时不达目的誓不罢休的精神一直影响着我。

如果没有我母亲，我绝对考不上北大。我第三年高考的时候，母亲听说城里办了一个高考补习班，又听说我第二年考试的分数达不到进这个补习班的水平，就一个人到城里去了。她第一天没回来，第二天也没回来，第三天黄昏的时候终于回来了。当时下着暴雨，她进门的时候浑身是泥巴，雨水直往下滴，一进门就告诉我："儿子，办妥了，你可以去补习班了！"我母亲靠什么本领帮我弄到了这个名额呢？她是硬闯到老师家里，以不达目的誓不罢休的精神说服并感动了老师，让老师收下了我。所以后来我身上也有一点儿闯关精神，就是受我母亲的影响。

第三个方面是家庭朋友圈的影响。大家都知道朋友圈的影响是巨大的，一般来讲，你交什么样的朋友，你就会得到什么样的思想；你交什么境界的朋友，你就会进入什么样的境界。在很大程度上，一个孩子身处一群懒惰、贪玩的孩子中间，自己就会变得有些懒惰、贪玩，身处一帮特别好学、好思、好问的同学中间，也会变得相对好学、好思、好问，所以朋友圈很重要。

对一个家庭来说，很重要的一点是一定要让自己的家真正变成高朋满座的地方。来的人最好是爱好读书的、有气质的，或者有胸怀的人，这些人聊天的时候，孩子会在旁边听，潜移默化中就会受到影响。

另外，很多家长在说话时会忽视孩子的存在，现在有些孩子喜欢在背后说别人坏话，就是因为其父母在家里说别人闲话时完全不回避孩子，导致孩子在不知不觉中受到了大人的影响。

以上说的是家庭文化对一个人成长的影响，希望我们从家庭做起，社会文化环境或许一时难以改变，但是我们把自己的家庭维持好总是可以做到的。

# 让孩子于课堂之外自由行走

社会发展至今，素质教育既是时代的需求，也是对孩子的关怀。为了让孩子健康成长，我们应当把学科教育、素质教育、兴趣教育融合到一起，让孩子在课堂之上独立思考，于课堂之外自由行走。这样，我们才能培养出具有世界眼光、全面成长的健全人才。

如果我现在有额外的时间和精力选择一门素质教育课，我可能会选钢琴。我一直很遗憾没有掌握一项艺术技能，很想弹钢琴给家人听。我也很想学围棋，在一棵松树下与好友对弈一局，是多么惬意的事情。或者学学书法，似乎也不错。

艺术、体育、科学、人文……这些素质教育重要吗？我想，回答这个问题要从我自身说起。中国恢复高考的第一年，我是考生中的一员，很多人因为这场考试改变了命运。自此，考试成了一道门槛，中国的学生把大把精力花在如何提高学科分数上。长此以往，形成了中国特有的应试教育环境。

在这种环境下，我们发现中国学生出现了几个比较明显的问题：第一，学生的独立思考、独立判断、独立探索能力在下降；第二，在应试教育环境下生存的学生们幸福感普遍较低，体育、艺术也是在家长的指挥下为“考级”“加分”而学，其实质仍是为考而学；第三，从长远角度看，未来的世界型人才需要思路开阔、兴趣广泛，而仅从应试教育入手很难培养学生的这些特质。

很多伟大的科学家、思想家，他们的兴趣都非常广泛：爱因斯坦有很深的音乐造诣，小提琴伴随他的一生；爱迪生一生有两千多项发明，不仅在电力学方面成就卓越，在矿业、化学、建筑业上也有着巨大贡献。现在国内的学科教育就是把语、数、外等科目的分数提高，这远远达不到未来世界对人才的需求。

我从小在农村长大，虽然没有受过正统的素质教育，但是成长环境让我对动植物、对农作物、对大自然有着无比浓厚的兴趣。青年时我热衷旅游和有益的社会活动，如果没有当年“于课堂之外自由行走”的体验，现在的我可能做不了新东方的工作。

在对待子女的教育问题上，我主张“不强求、不干涉”的态度。我比较看重孩子们自己的意愿，孩子们想去学什么，作为家长，去支持就好。但是，“不强求、不干涉”不代表不重视孩子的素质教育，我会用自己的亲身经历和社会经验来引导他们，让他们去感悟素质教育在他们成长与生活中的意义，以及素质教育带给他们的快乐。

我的女儿十分喜欢弹钢琴，初学时对钢琴如痴如醉，但传统的考级过程很痛苦，加上她没有想从事音乐工作的意愿，因此她没有参加传统的钢琴等级考试，而是仅把弹钢琴作为爱好，这使她有足够精力专注于自己真正想做的事情。作为家长，我支持孩子的合理选择，学会取舍更能证明她有独立思考、独立判断的能力。

而对于儿子的素质教育，我关注更多的是体能锻炼。我会带他爬山、鼓励他旅行，我认为这些会培养他的主动性和独立性，会锻炼他的毅力和耐力，会提升他的勇气和胆识，会拓展他的见识和视野。除此之外，儿子还在学习萨克斯。他自己不反感对音乐的学习，我也认为音乐会让一个人的性格变得随和，有助于气质的提升，有益于孩子的成长，所以也很支持他。

有的家长为孩子报素质课程，一下就报五六种，而且是不同门类，孩子还不清楚自己学的到底是什么，就疲于应付各种“传授”；而更多家长，将“考级”“比赛拿奖”“考试加分”这些观念灌输给孩子。孩子是在一种“考试”的心态下学习素质课程，这会大大降低孩子的兴趣。把兴趣变成目标，会让学习变得很痛苦。所以，我建议家长在对待孩子的素质教育问题上，不要把兴趣学习转化成目标学习。

为了让孩子健康成长，应当把他的学科教育、素质教育、兴趣教育融合到一起，让孩子在课堂之上独立思考，于课堂之外自由行走。新东方在过去的二十多年里，一直在做考试教育，从国内考试到国外考试，其实这不是完整的教育。

社会发展至今，素质教育既是时代的需求，也是对孩子的关怀。我希望新东方能与全国最好的素质教育机构强强联合，让中国的教育环境更显生机，让孩子们在学习中收获成长与快乐。希望我们可以为中国培养出具有世界眼光、全面成长的健全人才。

# 认真的事，也是可以“玩”出来的

“认真的事情可以玩出来”，指的是一个人应该用玩乐的心态来做生命中很严肃的事情。真正会玩的人是能够把自己的人生玩到一定境界的人。

我始终认为，认真的事情是可以“玩”出来的。有一句话叫作“work hard, play hard”，意思是“拼命工作，拼命玩”。也就是说，工作的时候要认真把工作做好，放松的时候要尽情地玩，让自己的心情放松下来。这句话说明一个会工作、会生活的人，能把严肃的工作和放松的玩乐结合在一起。不过，我所说的“认真的事情可以玩出来”还有着另外一层含义。

所谓“玩”，实际上是指一个人应该用玩乐的心态来做生命中很严肃的事情。什么叫“用玩乐的心态来做生命中很严肃的事情”呢？

第一，千万不要把任何事情看得太严肃，把结果看得过重。

人生如戏，最后的结局都是离开世界走向死亡，没有人是永生的。我们到底能活到多少岁，什么时候离开，没有人可以预料。因此，活着的时候，尽可能过得愉快、放松和充实，就变得非常重要。

从这个意义上说，我们一开始就必须有一种放松、愉快的心情，不去管太多的成功和失败，用这样一种心境来生活，生命才是真正值得的。所谓“人生重在过程，不在结果”，大概就是这样的意思。

第二，不要过分在乎输赢。任何事情，学习考试、创业工作等，实际上我们完全可以将其看作是一场比赛。在这场比赛中，你会面临无数无形的对手，遇到各种各样的情况。有些人在学校时成绩很差，但毕业后事业做得比其他人好；有些人学习成绩一直非常不错，但毕业后处处不得志。这样的情况告诉我们，每个人的人生都是输赢参半的。

人生没有永久的失败，除非他认定自己失败了；人生也没有永久的胜利，除非他是一个盲目的乐观主义者。如果你把输赢看得太重，就是跟自己过不去。就好像你参加一场球赛，你不会因为输了就不活了，无非是重新再来一场，并尽力取得胜利。对心态极好的人来说，能参与球赛这件事本身就是一件幸福的事情，输赢完全不在考虑的范围内。在英语中，为什么参加球类运动都叫“play”？就是因为本质上它们都是玩乐。如果能有这样的心态，做任何事情就都无所谓成败了，只享受参与的过程，也是一种高级的玩法。

第三，任何事情，都要给自己一个重新开始的机会。有些人失去了恋人，就觉得这辈子再也不可能有人爱自己了；有些人事业不成功，就觉得再也不可能从头开始了。这些人对人生持有过于严肃的、钻牛角尖的心态。人一旦有这种心态，不愿意给自己一个重新开始的机会，就会有很大的麻烦。

过去发生的事情就让它过去。一个遭遇失败的人最需要的能力就是能够放下一切、从头开始的能力。你做一件事情不成功，大不了从头开始，继续尝试，你尝试的次数越多，经验就越多，最后成功的概率就会越高。

第四，玩乐的心态一定要以喜欢和爱好为核心。如果你喜欢做一件事情，那么无论成败，你都会很开心。比如，你喜欢数学，并不一定非要让自己成为菲尔兹奖获得者，也不一定非要成为某所顶级大学著名的数学教授，可能做一道小学的数学题就会很开心。

小孩子为什么玩什么东西都特别开心？因为他们没有功利目的，也不追求输赢。一个小小的玩具能玩一天，一首诗歌可以背诵几百遍，他们只追求自我开心。把喜欢作为做事情的核心，就已经带有了非常强的玩乐概念。如此一来，自己的输赢和外在的评价就变得不那么重要了。

如果能做到以上四点，你就有了对一个人的成功而言非常重要的玩乐心态。纯粹的闹着玩，既没有人生目标，也没有事业热情，完全不是我所说的“玩法”。瞎玩、混日子是没有任何意义的。真正会玩的人是能够把自己的人生玩到一定境界的人，希望你和孩子都可以拥有这种玩乐心态。

# 人人都有“拖延症”

不要因为自己的拖拉产生沉重的心理负担。其实每个人都会拖拉，因为大家总是不愿意去面对自己不喜欢的或困难的事情。设定合理目标，放松心情，用积极的心态面对问题，生活和工作就能够优雅“起飞”。

《战胜拖拉》是一本比较实用的书，之所以知道这本书，是因为我儿子有一段时间做家庭作业时总有点拖拉。作为父亲，我需要帮他解决这个问题，就想找一本这方面的书看看。认真翻阅后，我才发现这本书其实并不是针对学生写的，而是针对职场人士写的。书中举了不少案例来讲述拖拉的特征、原因和消除拖拉的方法，有些观点还比较到位。拖拉的原因主要来自人的自卑、完美主义倾向、对失败或成功的恐惧、优柔寡断的个性、工作与休闲的失衡、无效的目标设置，以及对工作和自我的负面观念。书中对于这些情况进行了逐个分析并提供了十种战胜拖拉的方法。我在这里就不一一赘述了，有兴趣的朋友可以买书细读。

这本书上有一个观点我非常赞同，就是做任何事情都不要抱着完美主义的态度去做，努力本身就值得赞扬，结果的好坏并不特别重要。不要设定一个自己达不到的目标，最后总让自己受挫，而是要制订合理的目标，并且对阶段性的成就进行及时反馈，比如买冰激凌或者咖啡进行自我奖励等。

另外，书中专门详述了如何制订“逆向日程表”，这种方法对提高工作效率、消除拖延症很有用处。所谓“逆向日程表”，就是先把与工作任务无关的事情填入日程表，以确保自己休闲和自由支配时间，然后再填入工作的主要内容，确保工作时的效率。

其实消灭拖拉最好的办法是调整心态，面对不得不做的事情，就用积极的态度去做完。这本书的作者尼尔·菲奥里（Neil Fiore）曾经是美国 101 空降师的士兵，他很生动地讲述了自己第一次跳伞的故事。他说，第一次在空中跳伞的时候，他发现前面的士兵都很害怕，到了舱门口会死死抓住门框，最后被老兵一脚踹下去。他觉得这样既难看又受辱，所以下定决心：既然跳伞不可避免，自己一定要勇敢地跳下去。最终他克服恐惧，勇敢跳出机舱，成就了自己最骄傲的第一跳。

拖拉是一种很糟糕的精神状态，但每个人或多或少都会有拖拉的情况，所以不用太焦虑。人的本性会倾向于对生活和工作中遇到的困难进行回避。比如回复邮件，我一般都会先回复最容易回复的邮件，把难的留在最后，甚至故意拖着不回，有些工作因此就被耽误了。

根据我自己的经验，要战胜不太过分的拖拉，只需做到如下几条就够了：

一、给自己设定的目标一定要合理。如果目标过大过难，很容易产生焦虑情绪。

二、凡是不得不做的事情，一定要提早做，不要等到最后一分钟再开始。拖到最后再做，就算做完了，身心也已经失去了完成任务的成就感。

三、领导交代的工作，如果觉得自己做不了，不要轻易接受。坦诚地告诉领导做不了，这比接下工作完不成，效果要好很多。

四、不要轻易承诺别人。自己做不到或者很难做到的事情，一旦承诺了但又做不到，就会形成巨大压力。

五、学会每天给自己安排一件努力一下就能够完成的事情，并在完成后给自己一点奖励，形成自我奖励机制。

六、一定要给自己留出一些放松心情的休闲时光，比如散步、锻炼、交友、看电影等。让自己的心情放松下来，这样再去面对困难时，效果会好很多。

七、人生苦短，要尽量将自己喜欢做的事情作为事业。做自己喜欢的事情，再苦再累也不会太有压力，因此也就不会拖拉。

八、找几个朋友共同做一件事情。朋友之间可以互相帮助，这会减轻一个人工作时产生的负面能量和高压。

总之，不要因为自己的拖拉产生沉重的心理负担。其实每个人都会拖拉，因为大家总是不愿意去面对自己不喜欢的或困难的事情。设定合理目标，放松心情，用积极的心态面对问题，生活和工作就能够优雅“起飞”。

# 如果你有兴趣捡起一颗无人问津的小果子

世俗的眼光和对于光鲜表面的追求，常常使我们疏忽一些美好的存在。如果认真观察，我们会发现很多人都有可圈可点之处，但我们习惯于追随那些所谓名人的脚步，常常疏忽了身边那些让我们感动的人物的存在。

很多人对于水果的爱好是越大越好，因此种水果的人也使尽各种方法让水果变大。至于被药物催大的水果是不是有营养，是不是残留了化学物质，反倒不是关注的重点。很多水果都是用来送人的，送礼的人只求水果外表光鲜好看、包装上档次，是不是好吃也不是他们关注的。

我们小区里种了一些海棠树。每到秋天的时候，海棠果由青色变成成熟的黄色或红色，挂在枝头十分好看。不同品种的海棠果大小也不一样，小的像樱桃一般大，大的和杏一般大。好像很少有人认为海棠是水果，也很少有人去摘。几场风雨过后，许多海棠果就掉落地上，过后要么被埋在泥土中烂掉，要么被扫地的保洁员当作垃圾扔掉。我常常觉得可惜，这么漂亮的果子居然无人问津，心里由此产生一种怜香惜玉的失落感。

每天散步的时候，我会顺手从海棠树上摘下几个果子，放在嘴里细嚼慢咽，认真品尝海棠的味道。那种酸酸的、涩涩的，以及在酸涩过后细腻而淡淡的甜味，令人回味无穷。我觉得这种海棠果，与那些商店里出售的水果相比，味道要丰富很多。如果说这些大而美的水果就像高贵光鲜的“大家闺秀”，那么挂在枝头无人问津的海棠果就像千姿百态的“小家碧玉”，也有其迷人可爱之处。

除了海棠树，小区里还有几棵桃树。春天的时候，桃花烂漫，煞是好看。花落之后就结出了青青的小桃子，隐藏在浓密的绿色树叶中，人们完全忽略了它们的存在，小桃子就在枝头自生自灭。它们长得很慢，到了秋天的时候，长成比杏大一点的样子，和市面上卖的那种又大又红又诱人的桃子相比，这些小桃子显得畏畏缩缩，到了秋天还满身青涩，摸上去硬邦邦的。一阵秋风秋雨之后，它们就掉落在地上了。

但紧接着有意思的事情发生了。这些桃子掉落在地上，在阳光的照耀下开始变软，如果这时候你把桃子捡起来，在水里认真清洗干净，放进嘴里，桃子特有的香味便立刻从你的嘴巴弥漫到全身。这些桃子既没有水蜜桃过分的甜腻，也没有久保桃过分坚挺的肉质，那种恰到好处的细腻和香甜着实令人回味无穷。可惜很少有人会从地上捡起这些桃子，更没有耐心让这些桃子在阳光下慢慢变软，因此失去了和这些美好的果实相遇的机会。我发现这个秘密后，认真地把这些完全不入旁人法眼的小桃子收集起来，每天享用两三个，觉得自己简直像神仙一样。

不管是海棠果还是小桃子，都是在正经场合上不了台面的东西。人们世俗的眼光和对于光鲜表面的追求，常常使我们忽略了一些美好的存在。在网红横行的时代，许多人在猎奇心理的驱动下只关注那些搞怪作秀的网络“达人”，却忘记思考这种狂欢究竟能给自己带来什么。如果我们认真观察，会发现很多人都有可圈可点之处，但我们习惯于追随那些所谓“名人”的脚步，常常疏忽了身边那些让我们感动的人物的存在。

我记得美国作家舍伍德·安德森（Sherwood Anderson）也曾经说过类似的话：很多人的存在，就像秋天苹果树被摘完后，还留在果树枝头的那些外形丑陋的小苹果，已经不再有人注意它们，也没有人想摘下来尝一口。但如果你真的摘下来尝一尝，会发现它们比正常的苹果有着更加独特而迷人的味道。

# 人，走向堕落还是自我超越

一个人的三观如果更多地与超我相关，他就能为社会创造出很多有价值的东西，可以走得更高，看得更远。

我在大二的时候读了弗洛伊德（Freud）的《梦的解析》，了解到本我、自我和超我的概念。当时，我就给自己提了一个要求，尽管本我还没有得到满足，但我希望自己尽可能往超我方向发展。最后发现，在30岁以前，我一直被本我和自我控制着。

当欲望还没有被满足的时候，想达到超我的状态是很难的。因为本我是一种强烈的自然冲动，是在潜意识下，生物最原始的欲望。

本我只遵循一个原则，就是享乐原则，这方面我深有体会。

到我现在这个年纪，如果想掩盖自己的本我，还是可以做得很好的。但我发现，也会有掩盖不住的时候，比如喝醉了酒，超我意识丧失，本我就会暴露出来。可一个人如果把本我完全屏蔽掉，生活也会了无情趣。

所以，本我本身没有问题，只是它如何在规范中体现，如何不变成一种伤害他人的行为，这需要我们认真思考。

自我，是个人的意识层面。人为什么要有意识？因为我们生活在社会中，我们要跟别人打交道。人一出生，就处于各种各样的规矩里，这就是卢梭所说的：人生而自由，却无处不在枷锁之中。这个枷锁就是社会规范，是我们与其他人相互关系的制约。所以，人必须培养出自我，用来调节和控制本我，免得本我像脱缰的野马一样，横冲直撞。

自我遵循现实原则，用合理的方式来满足本我的要求。动物界是弱肉强食，适者生存。动物在食物链中的位置决定了它们的天敌。为了争夺地盘或食物，它们会进行残酷的战争。这种满足自己的生存方式不能以我们人类的道德体系来进行评判。因为这是丛林法则。人类社会则不同，马克思说："人是各种社会关系的总和。"这意味着在社会层面，你做出来的事情要具有社会认可性，不能被社会所排斥。当然，社会也有宽容的社会和严苛的社会，也就是完全压制众人本我的社会体系和本我可以合理释放的社会体系之分。由于我们通常没有能力改变社会体系，所以选择生活在哪个社会体系中，就变得非常重要。

超我是人格结构中的管制者，由完美原则支配，属于人格结构中的道德理想部分。它有三个层级，一是抑制本我的冲动，二是对自我进行监控，三是追求完善的境界。

我认为，超我是一个从被动到主动的过程。因为超我本来是没有的，人如果不是一种有精神、有灵魂的动物，不是置身于一个庞大的社会集合体中，就可以不存在超我。

一个人为什么要主动追求超我？因为它会使人收获自我实现。自我实现可以给我们带来强大的安全感，不论是获得的社会地位，还是随之而来的社会荣耀，都是在用一种方式，把自己变成无冕之王。

这个无冕之王是没有标准的，你认可什么就去做什么。你可以学习用一生帮助他人的特蕾莎修女和雷锋同志，也可以学习将财富致力于慈善事业的比尔·盖茨和巴菲特。这些人不论做什么，最终目的都是一样的——他们从精神层面和心灵层面得到了极大的满足。

如先前所言，追求超我是一个从被动到主动的过程，这个过程是人经过衡量利益的得失后完成的。从其背后的经济学原理来讲，就是你会判断做哪件事效率更高，对于人生更加划算，更加有意义。

可能有人会说我把超我讲得很世俗，人家也许是完全无私的。但我并不这样认为。我自己算是一个不断追求超我的人，对追求超我的动机深有体会。当然，如果追求超我只是为了个人的功利，也是有问题的，而且如果只追求个人功利，也达不到超我的境界。

德国哲学家康德（Immanuel Kant）说过，这个世界上只有两样东西能让我们的心灵受到深深的震撼：一是我们头上灿烂的星空，二是我们内心崇高的道德法则。

天上的星空，的确让人敬畏。大自然能够形成如此有秩序、有规律的宇宙，着实令人感到神奇。而康德所说的人类心中的道德法则，则体现了社会发展过程中形成的最佳人类心理状态，康德认为拥有这种心理状态才能够最大限度地推动人类和谐相处和共同发展。

也许有人会问，超我有没有控制不住本我的时候？一定会有的。只不过随着年龄和控制力的增加，你会逐渐靠近孔子所说的“从心所欲不逾矩”的境界。不论是靠自我的毅力，还是靠豁达的思想，我们都可以走得更高，看得更远。

# 克服内心深处的自卑

一个人的成长有两个条件：一是要给予足够的时间，就像一棵树一样，要等十年过去才会被发现长成了参天大树；二是对生命的热情永不熄灭，不管你感觉自己是多么卑微，内心的种子也一定要向往天空。有了向上的心，就一定会收获丰硕的果实。

小时候，我并不知道自卑是什么感受。从小在农村长大，在广阔天地里，从自然环境到社会环境都不存在让人产生自卑的土壤。所有的孩子都共同享受着田园风光和玩泥巴的乐趣，大家一起玩、一起脏、一起洗。而且，大家都很穷，你家是茅屋我家也是茅屋，不存在贫富差距。孩子之间除了比高矮，没有什么别的可比。那个时候学校也不太注重学生的学习，大家也不攀比成绩，即使全班最后一名也不会受到同学的嘲笑和老师的批评。倒是大家三天两头到地里比赛干活，但干农活对于每个孩子来说都不是什么难事儿，即使输了也没有什么丢面子的。所以，到高中毕业，我也没有尝到自卑到底是什么味道。

后来，经过三年高考后我考上了北大。我兴高采烈、千里迢迢来到北大，以为有什么好事在等着我，结果进了北大，才知道掉进冰窟窿是什么感觉。北大是龙争虎斗、人才辈出的地方，我进去才发现自己走错了地方。我终于尝到了深度自卑的苦涩，而这一滋味差点让我命归黄泉。

刚进北大，我就发现自己的普通话不行，别人讲话我能听懂，我讲话别人听不懂，听不懂也就算了，还有同学模仿我、嘲笑我，最后我就只能闭嘴不说话。紧接着，我发现自己的农村身份和其他同学形成了强烈对比。同学中有部长的儿子，有教授的女儿，大部分都是城市人，带有城市人见多识广的优越感，而我身上穿着打补丁的衣服，脚上穿着农村的土布鞋。这种强烈对比所带来的自惭形秽，估计是现在从边远地区来大都市上学的农村孩子也能够感觉到的。

而让我感到绝望的是不管自己多么努力，成绩总是赶不上别人。别的同学轻松参加各种学校活动，组织诗社或竞选，好像并没有认真学习，可一到期末考试他们就考到我前面去了。自卑感在我的心中茁壮成长，我把同学的每一句话、每一个眼神都注入了本来并不存在的意义，心灵变得格外敏感和脆弱，以至于时时怀疑自身存在的价值。到大学三年级，我那脆弱的身体和神经同时崩溃，我终于因严重的肺结核病被送进了北京郊区一家偏僻的传染病医院。

一年后，我从医院出来有了一种死后余生的感觉。由于病休一年远离了同学的竞争，我反而有了一点自由呼吸的空间，而正是这一空间使我起死回生，孤独而与世无争地度过了大学最后的两年时光。最后，我以刚刚及格的成绩默默无闻地从北大毕业。后来常常有学生问我是不是因为成绩优秀留在北大当老师，我只能笑着告诉他们，不是因为成绩优秀，而是当年我国的大学要求所有大学生学两年英语，结果导致大学英语老师紧缺，只要是英语本科毕业的都有资格留下来当老师。

正是老师这一职业，把我从自卑感中拯救了出来。首先，大家都毕业了，因此不用再和同学比成绩。其次，大家都刚开始工作，工资和社会地位的差距还没有被拉大。同时，北大的环境相对宽松，只要每个星期上完八小时的课，其他时间就可以“躲进小楼成一统”。没有想到的是，随着教课经验的丰富，我发现尽管自己大学四年在公开场合没有讲过几句话，但上课居然能够在众多学生面前用不靠谱的中英文侃侃而谈，毫不怯场，真可谓“东边日出西边雨”，学生当不好，当成了好老师。

随着年龄的增加，我对于自己的看法日趋稳定，尽管离优秀人士还有很大的差距，但大可不必自惭形秽，因为让自己慢慢成长才是最重要的。后来，我离开北大成立了新东方，厚着脸皮去马路上贴广告，与各种人打交道，终于把自己从内心到外表都磨得像犀牛皮一般坚韧。

没有经历过深刻自卑的自信是虚假的自信。也许有些人天生具备优越的条件，他们长相出众，家庭背景好，成绩又很出色，处处受人追捧，但这并不意味着我们普通人一辈子都会处于劣势。生命的长河向前流动，在各种痛苦、打击和自卑之后如果能够脱颖而出，那我们的人生就有了大河奔流的气概和壮阔的风景。

一个人的成长有两个条件：一是要给予足够的时间，没有人会在一天之内成长起来，就像一棵树一样，要等十年过去才会被发现长成了参天大树；二是对生命的热情永不熄灭，不管你感觉自己多么卑微，内心的种子也一定要向往天空，要尽力伸展自己的枝叶去触摸蓝天，去追逐天空的云彩。有了向上的心，就一定会收获丰硕的果实。

# 做人做事，四个不要

一个有信心的人，不会随便埋怨自己，更不会轻易指责他人，而是让自己和他人彼此温暖着继续前行。这样的人，通常也是一个愿意承担责任的人，他们拥有承担责任所需的勇气和担当，以及泰山崩于前而色不变的沉着。

习近平主席在2017年达沃斯论坛上的演讲中讲述了自己对经济全球化的看法，以及面向全球经济，中国未来会采取怎样的态度。在习主席演讲的最后有这样“四个不要”：“遇到了困难，不要埋怨自己，不要指责他人，不要放弃信心，不要逃避责任，而是要一起来战胜困难。”习主席的这几句话是在呼吁全世界各国共同努力，渡过经济发展的难关，一起创造更新、更好的世界。

我觉得这四句话用在个人身上，也可以成为指导我们生活和事业的金玉良言。成为“不埋怨自己、不指责他人、不放弃信心、不逃避责任”的人是非常不容易的。如果能够做到这四点，他就是一个自强、宽容、坚定并且有担当的人。这样的人在生活和事业上一定会做出出色的成绩来。

如果我们的生活和事业顺风顺水，我们自然不需要埋怨、指责、灰心或逃避。但谁能保证我们的生活和事业能够一直顺风顺水呢？一路上，由于外部形势和人际关系的不断变化，我们随时都可能犯错误，所以做任何事情，福祸相依、得失相交、毁誉参半就是必然的过程了。所谓“人生不如意事十之八九”，就是说我们的一生，称心如意的时候少，伤心费神的时候多。

遇到好事情，我们自然不会埋怨自己、指责他人；但遇到困境和障碍，比如两个人合伙做生意失败了，或者两人感情出了问题，我们最常见的反应就是要么埋怨自己，要么指责他人。指责他人是更加可能的情况，因为遇到问题推卸责任是人的天性和本能。

以我二十几年生意场上的经验来看，出了问题，大部分情况下人们都会互相指责，我也没能免俗。除此之外，埋怨自己也是常见的现象。人非完人，有的时候还会犯商业决策的致命错误。遇到这样的情况，有定力和自信的人一般都会冷静分析问题、设法解决问题，并努力做到以后不再犯同样的错误，也就是采取所谓的“惩前毖后、治病救人”的态度。

但有些人遇到问题后，不是寻求方法和出路，而是沉溺在困难和麻烦中，一味地否定自己，觉得自己再无出头之日，开始焦虑、痛苦、压抑，精神极度紧张，这类人最后手里抓住的都是烦恼和纠结。

信心是一个人的精神脊梁骨。如果一个人失去对自己的信心，那么他的精神脊梁骨就塌陷了，整个人从此就再也挺立不起来了。前途、事业、未来，这些美好的字眼，只有具备信心的人才会拥有。放弃自己就是放弃了这个世界上美好的一切，就像告别了阳光和空气，生命从此只是一具没有精气神的骨架。

信心并非来自盲目，也不是来自狂妄。信心是在历经了苦难和挫折后，依然相信自己能够走向渴望的远方；信心是人生的一座灯塔，在迷雾中、黑夜里依然能够指明航向；信心是心底为自己留的一份火种，在寒冷的季节能为自己点燃红红的篝火。一个有信心的人，不会随便埋怨自己，更不会轻易指责他人，而是让自己和他人彼此温暖着继续前行。

如果做到前面几点，那你就是一个愿意承担责任的人。承担责任需要勇气和担当，需要泰山崩于前而色不变的沉着。如果一个人好事往前冲，坏事往后躲，遇到任何问题都先逃避责任，那他永远是一个懦夫。只有随时准备双肩担道义的人，才能够为自己趟出一片天地；只有愿意用身躯阻挡风雨的人，背后才会有坚定不移、忠诚不渝的追随者。

让我们努力成为一个不埋怨自己、不指责他人、不丧失信心、不逃避责任的人。做到这四点的人，就具备了领袖的风采；做到这四点的国家，就具备了大国的风范。

# 活在自己创造的生命状态里

生活和工作习惯上一点小小的改变，从长远看就能极大地改变你的命运。思想变得更包容一点，对待名利更豁达一点，把自己收拾得更有条不紊一点，零碎时间多利用一点，这样的点点滴滴，就会使你的命运逐渐改变，而且越变越好。

我一直相信命运是一个变数，但这个变数，需要命运的主人来创造；变好变坏，也需要命运的主人来决定。

挥一下手，气流就会改变；命运，也会因为不同的意念和行动而改变。意念和行动创造出属于这个人的气场，气场的改变推动不同的人走向不同的人生方向。

有些东西也许是我们没有办法改变的，比如我们的基因组成、我们的家庭背景，这些东西是先天的，我们只能坦然接受。能够让我们的命运变好或变坏的，主要有两个因素：一是我们生长的环境，尤其是父母的影响；二是我们长大后自己选择的生命状态。

父母对孩子的影响，几乎可以打上一辈子的烙印，对孩子未来命运的走向起到很大的作用。遇到好父母是一生的幸运，因为自你出生伊始，父母已经在塑造你，像雕刻家一样在雕刻你。

如果父母积极乐观、心沉气静、乐善好施、习惯良好、好学精进，并从小培养孩子同样的习惯和精神，孩子长大后就会具备生命前行的基本功，未来尽管遇到各种艰难险阻，他的命运也不会太差。当然，父母是否合格与是否有钱有势没有关系，我们已经看到过太多有钱有势的父母把孩子给害惨的案例，所谓的“好人家”，并不一定都能给人好的命运。

除了父母，人的命运好坏，百分之八十还是掌握在自己手里。也就是说，我们不管处于什么年龄，都可以随时改变命运。每个人都活在自己创造的生命状态中，我们经年累月或被动或主动地创造了一种生命状态，然后不自觉地生活在这种生命状态里，这种生命状态，就叫作命运。

所以，我们需要做的就是改变自己的生命状态。我们可以先冷静分析一下：自己生命状态的主题词是什么？是哪些东西在阻碍自己变得更好？比如有的人做事，总是陷入琐碎的细节中，从来分不清什么最重要；有的人从来没有养成把东西收拾干净整洁的习惯；有的人遇事焦虑急躁，不懂得冷静思考和处理；有的人内心充满欲望，生命如在迷雾之中。如果处在这样的生命状态中，我们的命运，一定不会好。

其实，好的生命状态就是好的生命习惯的养成。好习惯的养成需要付出努力，坏习惯的养成不费吹灰之力，所以一不小心我们就会养成坏习惯，比如好吃懒做、占小便宜、肆意发泄情绪。坏习惯对人的生命状态有百害而无一利，会把人的命运拖向黑暗，所以我们需要养成好习惯。

养成好习惯，刚开始是痛苦的，但只要坚持，好的结果自然会显现，而最终得到的成就感、内心的充实以及命运的优化，就是最好的福报。一个人可以从改变小的习惯做起，比如你本来一直板着脸，现在努力对每个人微笑，不久就会发现微笑的好处远远大于板着脸，慢慢地微笑就会变成你的生命状态。这样一件小事，就已经使你的命运有所改变。

生命状态最终会反过来对你的生命进行再创造，这就是重塑命运。我们要从源头上改变和掌控自己的命运，而不是束手无策、坐以待毙接受命运的安排。

大家都听说过“蝴蝶效应”：一只南美洲亚马孙河流域热带雨林中的蝴蝶，偶尔扇动几下翅膀，可以在两周以后引起美国得克萨斯州的一场龙卷风。

我们命运的改变也是一样的，生活和工作习惯的一点小小的改变，从长远看就能极大地改变你的命运。思想变得更包容一点，对待名利更豁达一点，把自己收拾得更有条不紊一点，零碎时间多利用一点，这样的点点滴滴，就会使你的命运逐渐改变，而且越变越好。

# 恩爱做夫妻，和乐共亲职 *

养儿育女是学习情感功课的最好时机，温暖的亲子关系绝对是孩子成长的基础，但互敬互爱的夫妻关系才是家庭的磐石。

我们谈家庭不能只讲组成和结构，还要谈功能和关系。我们之前的传统型家庭通常是“三高”婚姻：女方要求男方身高比自己高，学历比自己高，收入比自己高。有什么问题搞不定了，就由长辈来主持公道，亲戚朋友来劝和。在传统型家庭中，角色分工很明确，婚姻的结合也是以养育为主。

现在年轻的一代向往的是“三手”婚姻。“三手”指什么呢？“第一手”说的是育儿跟家务的帮手，你一半我一半，分享、分担都是爱；“第二手”说的是生涯的携手，当代女子也念了很多书，做了妈妈也依然有自己的事业；“第三手”说的是一

* 本文作者为台湾师范大学人类发展与家庭学系教授林如萍。

辈子亲密地牵手，不因为生了孩子，就要围绕孩子过一辈子。我们的婚姻正在发生转变，人们不只是晚婚，而且对婚姻的本质的理解和对婚姻的期待也有了改变。

共亲职（又称为共教养），也许是新时代家庭关系下教养的正确方法。比如，父母双方都在孩子身上投入心力，尽可能陪伴孩子；看重对方的重要性和无可取代的角色；尊重对方的判断，维系双方在孩子面前的尊严。

总结下来，共亲职包括四个元素：第一，共同的家庭管理与决策；第二，相互的支持和了解，也就是夫妻之爱；第三，劳务的合理分配，爸爸、妈妈齐心协力，共同分担与分享家务；第四，也是最难的一点，教养的一致性。

要做到以上几点，可能需要有稳定的婚姻关系做支撑。没有稳定的婚姻关系，没有共亲职的共识，每一个共亲职的美好时刻都可能成为夫妻的战场。只有婚姻关系好，共亲职才会更容易。

如果传统的“三高”婚姻不在了，要走到“三手”婚姻，我们要怎么武装自己呢？谈恋爱是一个很浪漫的过程，经营婚姻却是个很实在的挑战。下面，我给出如下几个建议：

首先，对关系的承诺。结婚不是契约，是盟约，不能不开心就说散，不能遇到困难就说离。我们要相互支持，给彼此改错和变好的机会。

其次，我们也要用更好的方式跟对方沟通。有人告诉我，他们结婚后从没有吵过架，你信吗？中国人有可能。西方社会很喜欢嘲笑我们中国的婚姻是“低质量、高稳定”，可是现在年轻家庭的婚姻质量不高，也不稳定。中国人很怕跟别人发生冲突，尤其在家里，眼看意见不合，就不沟通了。夫妻关系中最怕的就是“撤退”。一旦我们不愿意面对问题，就“冰冻”全家人。而那个谈不得的问题，通常都是核心问题。我们怕冲突，事实上也错失了解决冲突、改变关系的可能。亲密关系中，我们不应该害怕冲突，而是要学会处理冲突的策略。

最后，还要有创造并维持亲密关系的能力。养儿育女是学习情感功课的最好时机，温暖的亲子关系绝对是孩子成长的基础，但互敬互爱的夫妻关系才是家庭的磐石。我建议所有父母都去学一些家庭教育的知识，不是因为关系不好才去学，而是出于爱对方、爱孩子、爱家庭的角度。因为爱，所以学习；因为学习，可以更相爱。

正如台湾作家林良在其著作《永远的孩子》中说的那样："岁月是淡淡的光影，只有童年才是连贯一生的。战乱的过程中，人情冷暖，家道中落，不觉得怎么灰心，心中的暖意是那一对和睦相处的父母，给我一生最大的祝福。"

# 第二章

# 身体的变化

# 女孩到了青春期，记得聊聊这些事

青春期好似一场龙卷风，不仅让孩子的身心迅猛发展，同时也给家庭带来相应的混乱和压力。很多家长将女儿的爱美、早恋等行为视为危险信号，为此会处于一种不知所措、爱恨交织的情绪当中。青春期阶段，我们家长需要了解这一时期女孩身心发展的特点和注意事项，尽可能避免教育失误。让我们为培养独立自主、自尊自爱的孩子做好准备吧。

## 告诉女儿“女性的身体是尊贵的”

家有女儿，父母一定要早早告诉她，女孩一生最重要的功课，就是要学会珍爱自己的身体，不要为任何事去放下自己的尊严和伤害自己的身体。

近些年，一些坏人看准了小女孩没有社会经验，想出名、想当网红的心理，诱骗小女孩摆出不雅动作，拍摄不雅照片或视频。这些女孩不懂得保护自己的身体，做出如此傻事，令人非常痛心。而且，社会不会给女孩很多试错的机会，一步踏错，可能会造成终生的痛苦。当孩子到了青春期，我们家长要告诉女儿：在青春期对异性产生好感是很正常的事，但在与异性互动时，要尊重自己、尊重对方的态度，学会拒绝和自我保护。

## 用特定的仪式感见证女儿的成长

当女孩子初次来月经时，请家长务必祝福她，这个时候既可以送女儿经期用品，也可以送女儿鲜花或孩子喜欢的服饰等。

有些女孩在生理期时，会觉得做女人很麻烦，再加上一部分女孩会经历痛经，就更会觉得当女人不如当男人好。这时，妈妈千万别再把什么“倒霉啊”“受苦啊”“麻烦啊”这些碎碎念传递给女儿，而是要告诉她：月经是女性的特权，是身体成熟的标志。当然，也要告诉她“那几天要勤洗勤换，让自己保持舒适”，这一点也很重要。

## 不干涉孩子爱美的天性

孩子到了青春期，会经历自我意识发展的第二次飞跃。她们对衣服的选择、饰品的偏好都有了自己的想法。作为父母，不要干涉她们的选择，要允许她们为自己的打扮做主。有很多原本活泼又漂亮的女孩儿，就是因为在年少时被父母打压，失去了对爱与美的追求，以至于成年之后，变成了毫无魅力的女子。有时我们并不能理解她们为何如此打扮，这时可以先跟女儿说：“我觉得有个性是一件特别酷的事，但是我不太能看懂你的打扮。这是有什么特殊意义吗？”这样一来，孩子至少不会拒父母的意见于千里之外，甚至会更愿意听听父母的见解。父母对美的理解与示范，会深刻影响到孩子。我们要告诉孩子：内外合一的美才是最好的。

## 抛开性别成见

在针对青春期女孩的社会教育中，很重要的一项就是告诉女孩：“作为女性，应该如何认同自己的社会性别，学会尊重和善待自己。”

现代社会提倡男女平等，但大众的潜意识里却仍保有男女不同的道德标准和社会要求。因此，我们要为女孩们树立起真正意义上的男女平等的榜样，告诉女儿：要积极看待并理解自己的女性角色，男孩能做到的，女孩一样可以做到；在重要的选择面前，要尊重自己的意愿去做自己想做的事情。我们要让女儿学会用独立、自尊、自爱来铺设自己的生活道路。

最后，一定要让女儿知道，在她受了委屈、受到伤害时，要向父母求助，父母永远都是她坚强的后盾。有了父母的支持，在人生的路上，女儿才会更有勇气和力量面对一切挑战，拥抱美好人生。

## 彩蛋来了

如果您有女儿，拿起笔画一幅她的画像吧。即使画画对您来说有点难，也不妨来挑战一下。这是您了解孩子的好机会哦！

操作步骤：

* 第一步：观察女儿近期的模样，并画在下面的框里；
* 第二步：找出五个词概括女儿的特点，把这些词写在画框里；
* 第三步：跟女儿分享你的作品，看看孩子有什么反应。

# 男孩到了青春期，记得聊聊这些事

到了十一二岁，男孩就进入了人生的一个重要阶段——青春期。这个时期男孩的身体机能、行为模式、自我意识、人际交往与情绪特点等方面都会发生明显的改变。这些突如其来的变化，会使他们产生不同程度的自卑、不安、焦虑等情绪。因此，我们家长要引导青春期的男孩正确认识自己的这些变化，帮助他们顺利渡过这一关键阶段。

## 爸爸是最好的导师

一般来说，男孩在十二岁前后进入青春期，青春期的最初征兆是生殖器官开始发育，睾丸和阴茎增大，之后是性腺发育成熟，出现第二性征，如声音变粗，长出喉结、胡须和腋毛等。此时的男孩身高和体重猛增，年身高可以增长 7～12 厘米。

进入青春期后，随着体内激素水平的波动，男孩不可避免地会产生一些身体变化和心理波动，比如开始关注女性、出现遗精现象等。如果刻意压抑这些变化，甚至被贴上“可耻”的标签，将会使孩子承受严重的心理负担，进而影响身心健康。因此，父母要有所准备，要关注并告诉儿子青春期的这些变化。作为同性又是“过来人”的爸爸，和儿子交流这些变化会比较容易被孩子接纳。在交流过程中，爸爸跟孩子可以像“哥们儿”一样谈心，用现身说法的方式来解答孩子的疑虑。

## 引导孩子接纳身体的变化

### 1. 变成“公鸭嗓”

到了变声期，很多男孩的声音开始变得嘶哑、低沉。我们要让孩子知道，这些改变只是暂时性的，一般会持续半年到一年时间。同时，我们也要让孩子呵护好自己的嗓子，不管是说话还是唱歌，都不要大声喊叫。

另外，家长也要给孩子多吃一些富含胶原蛋白和弹性蛋白质的食物，比如猪蹄、鱼类、豆类等，也可以多吃富含维生素B和钙质的食物，比如芹菜、牛奶、番茄等，尽量少吃辛辣刺激性食物，要多喝水，让嗓子保持湿润。

### 2. 长出小胡子

青春期的男孩脸上开始长出小胡子，这可能会成为一些孩子的烦恼。有的男孩会觉得胡子影响美观，所以恨不得把胡子都拔掉。

我们要告诉孩子，千万不能用小镊子把胡须连根拔起，这样不但损伤皮肤，还可能因此引发炎症，导致严重后果。这个时候，爸爸可以送给孩子一把合适的剃须刀，给孩子示范如何刮胡子，这样做不但可以给孩子正确的指导，还会增强父子之间的亲密关系。

### 3. 理解私密地带发生的变化

如果得不到恰当的引导，男孩可能会对生殖器官的发育和遗精现象产生羞耻的想法，进而无法认同私密地带发生的变化。

有的男孩早上起来发现自己的阴茎勃起，以为自己生病了。其实，这是男孩进入青春期的有力证明。这种现象有个专业说法，叫“晨勃”，一般发生在清晨 4 点到 7 点之间，是阴茎无意识的表现，这种勃起是不受任何动作或思维控制的自然勃起。我们要让孩子了解，这些都是男性身体发育到一定阶段的正常现象，不必为此过于苦恼。

还有的男孩出现遗精现象，当早上醒来发现内裤和床单脏了，会有一种负罪感。家长可以告诉孩子，遗精对于男人来说再正常不过了，是生殖器官发育成熟的表现，不会影响健康，不必惊慌，更不必自责。

## 引导孩子的爱美之心

很多父母都会注意到，之前从来不关注外貌的儿子突然之间爱美了，每天都喜欢照镜子，甚至每天花很多时间在着装打扮上。爱美是青春期的孩子非常鲜明的一个特征。青春期的男孩很关注自己帅不帅，非常在意他在别人眼里是什么样子，他们希望自己的外表得到同伴的认同。

每个孩子都有自己的优势，家长要帮助孩子去发现这些优势，并将这些优势塑造成孩子的自身魅力。这样孩子的自信心就会加强，孩子也更容易被别人接纳、欣赏和喜欢。

处于青春期的孩子，很容易盲目追求时尚与名牌。所以有能力在美学方面影响孩子的家长，需要给孩子一些美学方面的熏陶。当然，我们家长需要注意一个前提，那就是要更多地关注孩子的意愿，并适度满足孩子的要求。

男孩所有的身体变化都是成长的标志，父母要及时引导孩子正确认识和接受自己身体的这些变化，这对男孩成长为自信且有魅力的男子汉至关重要。

## 彩蛋来了

如果您家里有男孩，拿起笔画一幅他的画像吧。即使画画对您来说有点难，也不妨来挑战一下。这是您了解孩子的好机会哦！

操作步骤：

- 第一步：观察儿子近期的模样，并画在下面的框里；
- 第二步：找出五个词概括儿子的特点，把这些词写在画框里；
- 第三步：跟孩子分享你的作品，看看孩子有什么反应。

# 运动能提高成绩的真相

在传统的教育评价体系中，体育好的学生始终不如文化课成绩好的学生。但是，在2020年教育部的新闻发布会上，发言人称教育部在全国范围内提出“从2021年起，绝大多数省份体育中考分值都会增加，而且增加的幅度还比较大”。在教育部强推体育成为主要学科的背后，一方面体现了国家对青少年身体健康和体育锻炼的重视，另一方面也反映了孩子普遍缺乏体育锻炼的事实。在日常生活中，由于孩子学业任务繁重、家长担心安全及环境等原因，导致孩子越来越“宅”。然而，国内外的多项医学研究都表明：在运动锻炼上表现较好的孩子，在学业上会表现得更好。

## 运动让孩子拥有良好情绪

由于学业竞争激烈，孩子的精神压力随着年级递增而不断增大，如果消极情绪得不到疏解，很容易出现心理问题。有研究表明，血液中的血清素如果低于正常水平，人就容易产生消极情绪，这会导致人情绪失控，甚至出现抑郁的症状。而运动则是很好的情绪宣泄渠道，能让大脑分泌血清素与多巴胺，这些神经递质有助于人调节情绪和缓解压力，从而使孩子拥有良好的情绪。

遗憾的是，很多父母仍以为运动是浪费时间和体力，特别在考试前，一些家长会阻止孩子出去打球或做其他运动。再加上有些学校也会把体育课挪用于赶进度、加强考前复习上，这就让很多学生抱怨不迭。家长和老师这种剥夺孩子运动权力的做法，其实是本末倒置，反而对孩子的成长不利。

## 运动锻炼提升学习能力

大量的研究证明，体育运动可以提升大脑功能和认知能力，包括注意力、记忆力、思维能力等，而这些认知能力被证明与学业成绩密切相关。体育运动会产生多巴胺、血清素和去甲肾上腺素，这三种神经传导物质都和学习有关。

多巴胺是大脑分泌的一种和正向情绪有关的化学物质。我们不难发现，孩子运动后精神都很亢奋，脾气与耐心都会很好。血清素跟我们的情绪和记忆有直接的关系。如果血清素增加，记忆力就会变好，学习的效果自然就更好了。去甲肾上腺素能够增强孩子的专注力。由此可见，运动之后，孩子的心情会比较愉快，记忆力会更好，学习会更专心，学习的效果也会更好。

## 世界偏爱那些爱运动的孩子

世界名校皆以强健为美，崇尚强健的体魄是其普遍价值取向。这些大学会抢着要运动成绩好的孩子，甚至会提供奖学金。例如牛津大学有一项久负盛名的罗德奖学金，这项创立了一百多年的奖学金有四项招生标准，其中一项就是喜爱体育，最好有运动成就。他们认为，这样的人往往具备优秀的心智，是值得栽培的未来领袖。有运动背景的人通常具备三个特殊的心理素质，即有难以击垮的信心和号召力，懂得如何去竞争，懂得团队合作。无论从身体健康、人格发展还是从学业的角度来看，体育运动无疑都是一张“王牌”。

或许家长们已经认识到运动锻炼对于孩子成长的重要性，但是督促孩子运动锻炼绝不是简单地把孩子送进各种游泳班、跆拳道班、足球班。我们家长的锻炼行为和对待运动的态度更容易让孩子对运动产生兴趣。

目前，中国孩子的体质问题已引起社会各界的重视。明智的家长一定要了解：在孩子的成长过程中，体育运动作为一种安全和低成本的方式，在促进孩子身体发育和认知能力发展方面，发挥着巨大的不可替代的积极作用，加强体育锻炼，孩子会受益无穷。

## 彩蛋来了

请家长朋友来自制一份运动记录表吧，记录下每天孩子的运动情况，让孩子能看到自己的进步，找到运动的快乐！建议全家人一起运动起来哟！

| 项目 / 完成情况 / 日期 | 跑步 | 跳绳 | 打球 | 游泳 | 自由项目 | 自我评价（满分5分） |
|---|---|---|---|---|---|---|
| 2021.5.1 | 500 米 | 100 个 | 30 分钟 | 30 分钟 | …… | 5 分 |
| | | | | | | |
| | | | | | | |
| | | | | | | |
| | | | | | | |
| | | | | | | |
| | | | | | | |

# 第三章

# 学习的变化

#  找准学习类型，提升孩子的学习力

在学习过程中，我们每个人都要运用视觉、听觉、触觉等感觉器官。每个人大脑的基本组织虽然相同，但通过不同感官识别、接收和处理信息的方式和程度却有所不同，因此人们会表现出感觉器官上学习的偏好，这就形成了三种主要学习类型：视觉型、听觉型和动觉型。

家长只有准确地了解孩子的学习类型，才能更好地指导孩子，帮助孩子达到最佳的学习效果。

## 学习类型大不同

### 1. 视觉型

这类孩子擅于用视觉捕捉信息，观察能力很强，擅长图像记忆，喜欢各类拼图游戏，但这类孩子可能对听觉信息不敏感，也不善于表达。我们听说过的历史上过目不忘的人，就属于视

觉型学习者。视觉型的孩子比较听老师的话，上课能认真学习，放学会认真写作业。视觉型的孩子上课时眼睛会盯着黑板，追随老师的身影，书上或笔记本上会记录很多笔记和标记；读书时会盯着书看，或者在心里默读，但却很少开口朗读。

### 2. 听觉型

这类孩子喜欢听老师讲课，喜欢使用音频材料学习，他们喜欢听故事胜过阅读文字，他们的口头表达能力较强，写作业时经常会把题目读出声来。这类孩子在提问较多、讨论充分的课堂上，能很快掌握知识，在听课时容易记住老师所讲的内容；但一旦没有互动，就很容易走神。听觉型的孩子学习时以听为主，上课时他们可能不看黑板和老师，甚至闭着眼睛上课，但其实他们的注意力都在老师身上。

### 3. 动觉型

这类孩子喜欢通过肢体的活动来学习，他们喜欢与别人近距离接触，而且肢体动作较多。在需要动手的课堂上，比如使用教具、做实验等，他们的学习效果会比较好；然而在一般的课堂上，他们就容易坐不住，经常有小动作。在阅读时，他们喜欢用手指或者其他东西指着课本阅读。一般来说，动觉型的孩子会让老师和家长感到头疼，但其实他们是很聪明的群体。动觉型的孩子不管学什么，手里总要拿个东西或是做点什么，如抖腿、转笔等。如果你要求他们安静下来，他们正在运转的大脑可能就跟着停下来了。

## 多感官协同，学习效率更高

心理学研究表明，不同感官通道的学习效果是有差异的。人们只使用视觉通道，大约仅能记住学习材料的25%；只使用听觉通道，大约能记住15%，而视听结合，运用多感官通道进行学习，则能记住65%。也就是说，不同的感官共同吸收信息、共同运转才能发挥出最好的效果。

对于小学生来说，他们会优先选择自己喜欢和擅长的方式来学习。作为家长，我们可以通过孩子的日常学习表现，发现他们的主要学习类型，并进一步发展孩子的优势学习通道，从而取长补短。同时，还可以通过一些策略创造尽可能多的途径和方式，帮助孩子调动多种感官协同接受学习信息。

## 针对不同学习类型的学习提升策略

### 1. 视觉型学生的学习提升策略

（1）阅读时，用不同的符号标记要点。比如★是老师强调的重点，▲是自己学起来有困难的部分。

（2）按不同科目制作知识卡片。比如使用插画、贴纸等图形信息，丰富知识的视觉刺激，提升记忆效率。

（3）运用“颜色记忆法”，给不同类型的信息标记上不同的颜色。比如背英语单词时，动词是绿色、名词是蓝色（根据自己的喜好选择颜色即可）。

（4）用提纲、图表或思维导图辅助理解和记忆。

### 2. 听觉型学生的学习提升策略

（1）将学习材料录成音频，播放给自己听。

（2）多选择小组讨论的学习方式，和同学共同完成作业或任务。

（3）读书时，试着带着情感、抑扬顿挫地进行朗读；读题时认真断句，把有节奏和押韵的内容大声、重复地朗读出来。

### 3. 动觉型学生的学习提升策略

（1）学习中多动笔写，加强动手与视听的结合。

（2）多参与实验、手工等操作性学习活动。

（3）多进行角色扮演或运动游戏，加深体验感。

学习类型，就像每个人的性格一样，没有正确与错误之分，也没有优劣高低的区别。经过练习，大部分小学高年级学生的学习方式会逐渐综合起来，学习力会明显提高。

# 课前预习与课后复习的神奇作用

对今天的孩子来说，无论学习哪门学科，都对自主学习提出了更高的要求。虽然每个孩子的学习风格、学习状态、知识储备水平都不尽相同，但对所有学科都适用的学习方法仍是课前预习和课后复习。掌握了预习和复习的方法，可以为取得好成绩加油助力。

## 课前预习

课前预习是培养自主学习、提高听课效率的重要途径。如果孩子可以提前预习课本，自主查找资料，研究新知识的要点、重点，发现疑难问题，就能够在课堂上掌握听课的主动权，有针对性地来听讲。

预习具体包括以下三个要点：

一是列提纲，提取关键内容。列提纲可以帮助孩子理清知识的体系脉络，便于孩子理解和掌握所学内容。我们家长要关注孩子提取关键信息和总结归纳的能力。比如生活中，家长可以多鼓励孩子分享一些趣闻逸事，引导孩子尽可能用简要的语言将重要信息说清楚。家长也可以用同样的方式给孩子讲一讲自己看到的新闻话题。

二是做标记，提取重点难点。找出预习内容的重点和难点，为自己不会的、没见过的问题做标记。标记之后，如果有时间可以试着自己学习、理解一下。比如遇到生字生词，查字典就可以解决。那些自己解决不了的，就是上课时需要重点听讲的内容。课前预习要防止过细，因为花费太多时间，搞得精疲力竭，会严重影响第二天课上听讲；或者以为自己都会了，不注意听讲，这就摆错了课前预习和课上听讲的关系。

三是勤思考，构建知识之间的联系。每一个知识点都不是独立出现的，会和之前学过的以及将来要学习的知识点有着各种联系。在课前预习时，孩子要思考今日预习的内容与前面已学内容的关系。这样在听课时更容易跟上老师的思路，将被动听课变为主动听课。日常生活中，家长可以引导孩子用其能理解的知识解释生活现象，帮助孩子形成“建立联系”的思维方式。

## 课后复习

课后复习是巩固和强化所学知识必不可少的手段，是学习过程中至关重要的环节。随着年级的升高，如果孩子不会复习，后面的学习就会越来越吃力。

课后复习可分为两个层次：

第一个层次是及时复习。

对于刚学过的东西，孩子一开始会忘得很快。艾宾浩斯遗忘曲线告诉我们，学完一种知识或技能，如果能在 12 小时内复习一次的话，对于巩固记忆，效果会比较好。新知识与复习的间隔越长，遗忘率也就越高，复习需要的时间成本就越高。因此，当天进行复习的效果是最好的。在写作业前进行复习既可以进一步加深记忆和理解，又弥补了课后遗忘的知识。这样一来，写作业时，思考的时间也会相应减少，孩子可以很高效地完成作业。

第二个层次是整体复习。

整体复习是构建知识体系、查漏补缺的过程。整体复习时，按课本的单元，或是按周、按月、按学期把已学的知识进行梳理归类，这样可以使学到的知识多而不乱，杂而有序。复习时，家长可以鼓励孩子用思维导图系统地梳理所学知识，引导孩子在还没弄清楚的问题和需要巩固的知识点上，多花些时间。在复习过程中，家长有必要督促孩子把平时作业中所出现的错误进行总结分析，找出其中规律性的内容，进行纠正和学习。长此以往，知识才能得到真正巩固，孩子的成绩也会稳步提高。

通过整体复习，孩子可以更好地构建自己的知识体系，对知识可以加深理解和加强记忆，有利于把知识转化为能力。但整体复习耗费的时间比较长，需要孩子结合学校的考试安排，提前整合所学知识。

孩子之间学习成绩的差距很大程度取决于课前预习与课后复习等学习习惯。养成预习和复习的习惯，会让孩子在学习时事半功倍。

# 警惕学习中的“补短暗示”

如果孩子在学习中存在弱势学科，很多家长会这样对孩子说：“你这科成绩比较差，这是你的短板，得赶紧补上来。”家长平时也会这样和老师沟通：“我家孩子这科成绩比较差，希望老师多费心。”虽然我们的初衷是帮孩子把弱势学科的成绩补上来，但是这些说法，会给孩子造成一个暗示：“这个科目是我的短板，我学不好。”如果孩子经常接收来自家长的这些暗示，那孩子就会朝着被暗示的方向发展，甚至对这一科目产生畏惧与抵触心理。

## 千万不要想那只粉色的大象

那么，为什么家长的这种说法会给孩子造成负面的心理暗示呢？

一个著名的心理学实验可以回答这个疑问。在这个实验中，实验者对参与者说：“现在请大家闭上眼睛，听我口令，请千万不要去想一只粉色的大象。”结果，所有的参与者都失败了，因为他们的脑海中无一例外，都出现了一只粉色的大象。

其实，这正是我们大脑的工作方式，当某一信息反复被强调或者经常出现时，大脑就会记住这一信息，然后呈现相关场景。所以，当我们经常跟孩子说“你这科成绩不好，要报补习班”时，孩子的大脑就会不断强化“我这科成绩不好”的信息，这最终形成一个巨大的负面暗示，阻碍了孩子进步。

## 打破“补短暗示”的魔咒

要想改变这种脱口而出的阻碍孩子进步的“补短暗示”，我们可以从以下三个方面入手。

第一，变负面描述为正面描述。家长要在孩子“补短板”的过程中不断鼓励孩子，让孩子有信心去慢慢进步。我们可以这样跟孩子沟通：“你在这一科目上的提升空间比较大，任课老师跟爸爸妈妈说你很有潜力，上课听不懂时，老师欢迎你课后去请教他呢。”

如果家长这样表述，孩子的大脑接收并记住的信息就是“提升”“有潜力”，这就形成了积极的暗示，有利于孩子在学习中不断取得进步。

第二，多给孩子正面反馈。在学习中，正面反馈对孩子来说非常重要，既能让孩子体验到学习上的成就感，又能提升孩子的自信心和激发孩子的学习动力。我们一定不要心急，要循序渐进地将孩子的学习目标分解为阶段性的小目标。要多关注孩子，孩子每取得一次进步，父母与老师都应及时给予孩子鼓励与表扬；而当孩子遭遇挫折时，我们要帮助孩子分析原因并告诉孩子：“不要紧的，我们都看到了你的努力。你能学好其他学科，这一科也一定行！”只有获得这样的积极反馈与正面鼓励，孩子才不会产生畏难心理。长期下去，孩子对这一科目的学习兴趣也会增强，一定会学有所得。

第三，利用优势学科带动弱势学科。我们很多的父母都不接受孩子的短板，所以在“补短”上花了非常多的时间和精力。如果父母和老师能够把孩子的优势作为“补短”的基础和促进条件，“补短”的效果会更好。

孩子在某些学科上表现优秀，这就说明他在学习方面有着一定的能力和独特的方法。这时候，老师与家长可以充分利用孩子在优势学科上积累的自信，来激发他在弱势学科上的学习动力。比如，老师和家长可以通过各种方式向孩子传达“你的学习能力是很强的，你一定行”这类信息。这些积极的口号，会有效地改变孩子的畏难心理，帮助孩子卸下抵触心理，从而“轻装上阵”。老师与家长也要适当指导孩子科学合理地安排时间，找到有效的学习方法。

总之，一方面我们要积极引导孩子运用在优势学科方面的成就感和自信心，来补偿在弱势学科上的挫败感；另一方面，我们也要调整自己的方法，用正向积极的方式激发孩子在弱势学科上的学习动力，最终帮助孩子在弱势学科上取得进步。

## 彩蛋来了

你是否用书信的方式跟孩子进行过交流？书信交流有很多优点，比如，书写能让我们有更多的时间去思考，让我们平心静气、条理清晰地去表达自己的想法；字迹能让孩子感受到父母的温暖，从而拉近心与心的距离。此刻，请尝试动笔给孩子写一封信吧，在这封信中，请重点鼓励和肯定孩子。

温馨提示：简约的文字，或许会有意外的效果。一封家书，会成为孩子一生的记忆。

亲爱的宝贝：

# 让阅读成为家庭生活的一部分

很多家长抱怨道：“孩子不喜欢读书，在家不是玩手机就是玩电脑。”还有家长担心地说：“孩子小的时候没有养成阅读习惯，现在开始培养阅读兴趣是不是太晚了？”

小学二年级到四年级是培养学生阅读兴趣和阅读习惯的关键时期。家长是孩子的第一任老师，只要家长能够在家中营造良好的读书环境，有耐心地引导孩子阅读，慢慢地，孩子就会主动翻开书籍，并从中找到阅读的乐趣。这样一来，养成阅读习惯就成了自然而然的结果。

## 书架上每增添一本书都有助于孩子学业进步

美国社会学家 M.D.R. 埃文斯（M.D.R. Evans）曾经带领团队对全球 73000 人的阅读及教育成就做了一个享誉世界的系统研究（Family scholarly culture and educational success:

Books and schooling in 27 nations)，这项研究得出了以下两个结论。

第一个结论是：和成长在没有藏书的家庭里的孩子相比，成长在相同经济水平、有藏书 500 本的家庭里的孩子平均多接受 3.2 年的教育。来自藏书丰富家庭的孩子完成大学学业的可能性要比家中无藏书的孩子多出 19 个百分点。

第二个结论是：当家中藏书量达到 500 本左右时，即使父母的受教育水平相差很大，孩子的受教育水平也不会有很大差异。

从埃文斯的研究可以发现家庭藏书的重要性。也就是说，成长于有着丰富藏书，并且尊书、爱书和享受读书的家庭的孩子，自然而然就会被书香浸染。这些孩子可以根据自己的兴趣，主动来选择图书进行阅读，进而逐渐培养出对书籍和阅读的喜爱，获得知识带来的乐趣。

那么，我们应该怎样在家中给孩子营造一个良好的阅读环境呢？

## 规划专属的阅读区域

英国知名儿童文学作家艾登·钱伯斯（Aidan Chambers）在著作《打造儿童阅读环境》中提道：要培养“阅读脑”，就要让阅读成为一件特别的事情。为阅读创建特定空间就是一种方式。家长需要在家里给孩子规划出一个独立的阅读区域，这个区域可大可小，小至客厅的某个角落，大至布置专门的空间，也就是只要建立起固定区域即可。当家中有了一个特别的阅读区域，阅读就会成为孩子生活的一部分。如果条件允许，家长尽量让孩子拥有自己的书架，以便让孩子能够从书架上自由选择感兴趣的书本。通过这种形式，可以让孩子的精神生活拥有一个相对独立的领地。

在家长想给孩子推荐新书时，只需要把新书放在阅读区域或书架上，这样就可以吸引孩子主动来翻开这本书。

## 安排固定的阅读时间

除了固定的阅读空间，固定的阅读时间也是让孩子快速进入阅读状态的关键，阅读时间堪称让孩子迷上阅读的“杀手锏”。

家长要给孩子留出某个时间段作为阅读时间，这个时间一到，就带领孩子开始阅读。阅读的时段不要安排得太长，例如约定 1 个小时的阅读时间，并不代表整整 1 个小时都要目不转睛地读书。这个时段包含准备阅读的时间，比如孩子的选书时间。要记住：阅读的过程，一定是惬意的。而对于真正品尝到阅读滋味的孩子来说，阅读会成为一种深度的娱乐。

无论时代如何发展，阅读都将是人们终身学习的主要方式。我们要坚定信念，让阅读融入家庭生活。当我们留出足够的时间，给孩子提供足够丰富的藏书，能够把阅读作为奖励提供给孩子时，相信孩子自然会爱上阅读。

第四章

# 心理的变化

# 帮孩子描绘自我画像

自我画像指的是一个人对自己的外貌、性格、优势、能力等全方位的认识。简单来说，就是一个人如何认识自己。每个人的心中都有一幅关于自己的独特画像，但对还在成长的孩子来说，画像的表征可能还比较模糊，就像镜子上蒙着一层水雾一样。因此，孩子需要借助父母的帮助把这层水雾擦掉，让心中的画像清晰起来。在家长的引导下，孩子会慢慢找到“我是谁”“我喜欢做什么”“我的优势和短板在哪里”，以及“我想成为一个怎样的人”等诸多关于人生的答案。

## 帮助孩子了解“我是谁”

在集体主义文化下，人们往往倾向于通过外界环境的评价来定义自己。所以，对孩子来说，来自父母、老师、同学、朋友，或者其他在孩子生命中出现的重要人士的评价，会在一定程度上影响孩子的自我评价。其中，最有影响力的大多是来自父母的评价。

为了帮助孩子形成健康、清晰的自我认知，父母要给予孩子客观的评价。这就需要我们充分地了解自己的孩子。所以，在日常生活中，我们要跟孩子多交流，了解孩子内心的想法；同时，我们也要细心观察孩子的各种表现，寻找孩子的闪光点与可以改进的方面。

需要注意的是，寻找自我主体的是孩子，不是家长，我们绝对不能越过个人边界去替孩子做决定。那么，如何引导孩子对自己进行客观评价呢？

我们可以在平日的交流中与孩子一起讨论他的性格特点是什么，是内向还是外向，是敏感细腻还是活泼机智；他具有哪些品质，以及这些品质对他的学习和生活的影响；他有哪些好朋友，在与朋友交往时，对方看重自己哪些方面，等等。同时，我们可以跟孩子分享每种特质的优缺点，比如，内心细腻的人洞察力很强，但可能容易怀疑自己；活泼机智的人善于交际，但可能欠缺内省能力。

在这个过程中，家长不要给孩子贴标签，不要从自身的角度来评价孩子的特质是好是坏。当孩子完成某件事时，试着让孩子谈谈过程中对自己满意和不满意的地方，并思考改进的方法。我们也可以对自己做过的某些事进行反省，让孩子知道，每个人都需要自省。

如果孩子提到他不认可老师或同学对他的某些评价时，我们不妨告诉孩子，他完全可以表达自己的想法，要相信自己的能力，不因他人的评价而否定自己。

## 帮助孩子了解“我的能力”

世界上没有两片相同的树叶，每个孩子都是独特的个体，都有不同的天赋优势和能力，有他自己想要成为的样子。

在养育孩子时，很多家长常犯的错误是替孩子决定他能做什么、应该做什么。有的家长因为自己当年想学钢琴却未达成愿望，就安排孩子去学钢琴；有的家长让孩子一门心思放在学习上，其他一切事情都由自己代劳；有的家长看其他孩子在上补习班或特长类课程，就给孩子选报同样的课外班。这些做法都会阻碍孩子对自己的优势和能力的探索，甚至让孩子的人生留有遗憾。

要想了解自己的优势和能力，可能需要孩子做出很多尝试。这时候，家长不要横加干预，要鼓励孩子积极探索。

我们可以跟孩子一起讨论现在有哪些职业，未来有多少可能的道路可选，以此来拓展孩子的视野，帮助他更好地了解自己擅长的事情。

有句俗话叫“艺多不压身”，如果条件允许的话，我们当然可以鼓励孩子发展多项技能，不断学习与尝试是人生的宝贵财富，成功的体验会不断激发孩子的自信心。可是，还有另一句话叫“艺多不养人”，它告诉我们一个道理：艺不宜多，宜精专。也就是说，找到喜欢的目标就要为之努力，并且持之以恒，精益求精。

人的一生是不断加深自我认知的过程。在日常生活中，家长的一言一行都会对孩子的自我认知造成影响。每个孩子内心都有一个英雄，家庭教育的责任就是唤醒孩子内心的英雄。

# 情绪，从失控到自控

容易情绪失控的人大多有这样一套说辞：“我实在忍不了了！”“我也不知道怎么了，情绪一下子就上来了，压都压不住！”之所以会出现这种情况，是因为我们不是在控制情绪，而是在拒绝和压抑情绪。

情绪是每个人生命中不可分割的一部分，它无法通过压抑而消失。压抑情绪的后果就是：情绪会通过其他方式来寻求表达，比如出现头疼、失眠等症状。

所以，我们让孩子学会掌控自己情绪的第一步，不是告诉孩子把情绪压制下去，而是让孩子学会接纳情绪，理解情绪为什么存在，并尝试着跟情绪相处。

## 知己知彼，认识情绪

我们所说的控制情绪，通常指的是消极情绪。因为积极情绪不需要压抑，也不会产生不好的影响；而消极情绪往往附带着消极的行为结果或外界评价，常常使我们措手不及。因此，认清情绪，正确看待消极情绪显得尤为重要。

情绪是人类进化的自然产物。快乐、喜悦等积极的情绪，会让我们变得更幸福。然而与积极情绪相比，我们所拥有的消极情绪的种类更多。而且，每一种消极情绪，都有它存在的意义。

比如愤怒，我们通常认为愤怒是一种具有破坏性的情绪，因为在愤怒之下，人们可能会做出一些过激的行为。但实际上，愤怒是个体自尊、个人边界与权利的守护神，如果没有愤怒，我们便无法在关系中建立健康的边界。

再比如焦虑，如果一个孩子焦虑过度，可能会影响睡眠、食欲，甚至考试成绩，但焦虑最早是为了保护个体生存而存在的。就像远古时期，人们外出打猎时，焦虑可以让他们时刻保持警觉，以防野兽偷袭。害怕挨饿的婴儿，也是因为对死亡的焦虑让他们通过哭喊来获得母亲的关注和投食。

所以，情绪没有好坏之分，如果能认识到这一点，我们就有机会与情绪建立良好的关系。

当然，想要掌控自己的情绪，光靠与情绪友好相处还不够，下面两种方法可以帮助我们更好地调节情绪，善待情绪。

## 多做运动，疏解情绪

生理学研究表明，运动不仅可以让人的大脑产生大量的多巴胺和血清素，从而改善人体中枢神经的调节能力，令人感到镇静和愉悦；运动的过程还可以释放个体内在的攻击性（比如愤怒），对缓解抑郁也有显著效果。

日常生活中，建议家长和孩子多去做一些运动，这对于调节和控制情绪非常有益。跑步、爬山、游泳、骑行，以及去健身房进行专门的体能训练都是可以的。可以让孩子尝试不同的运动，允许孩子选择最喜欢的项目并引导孩子坚持运动。

当然，如果孩子不喜欢运动，或者实在不擅长运动，选择绘画、唱歌、写作、烹饪、做手工等一些比较温和的项目，也能起到调节身心、释放情绪的作用。所以，不要一味地强迫孩子去运动，要知道适合孩子的才是最有效的。

## 静下心来，拥抱情绪

除了上述需要动起来的活动外，每晚睡觉前，进行几分钟的冥想放松也是调节情绪的好方法。

刚开始尝试冥想时，家长可以陪孩子一起做，选择舒缓的音乐，找个舒服的姿势坐下或者躺下，闭上眼睛，一边进行深度的腹式呼吸，一边将注意力放在自己想要调节的情绪或与这一情绪有关的事情上，然后去感受情绪、和情绪对话，直到心情平静下来。

冥想结束后，可以跟孩子分享刚才的感受，一起探讨更适合的进入冥想的小技巧。冥想练习让我们由主观者变成了旁观者，自然能够把事情看得更清楚，原来的负面情绪就能慢慢平复。这时，负面情绪就会往好的方面去转换。

当孩子渐渐养成冥想的习惯后，他就能在自己的房间独立完成冥想了。这样一来，孩子就有了一个更加安全的空间来与自己的情绪相处，从而可以更加自然地去拥抱自己的情绪。

今天的孩子需要面对来自学业、同伴、家庭期望等诸多方面的压力，他们必然会有紧张、生气、焦虑、愤怒等诸多情绪。压力导致消极情绪的产生是很正常的，在压力状态下要特别注意控制好情绪反应的强度。一旦放纵情绪，可能会带来严重的问题。而一个人遇到任何事情都只表现出积极情绪，这反而不正常。

无论是出现消极情绪还是积极情绪，都是正常的，重要的是学会拥抱情绪，采取适当的方法与之和平相处。

## 彩蛋来了

和孩子一起，感受并记录一整天的情绪状态，然后参考下图将你们的情绪制作成“情绪心电图”，并在情绪变动的地方写下当时的事件和感受。

画图时，请思考为什么自己的情绪会有这样的变化。

例：

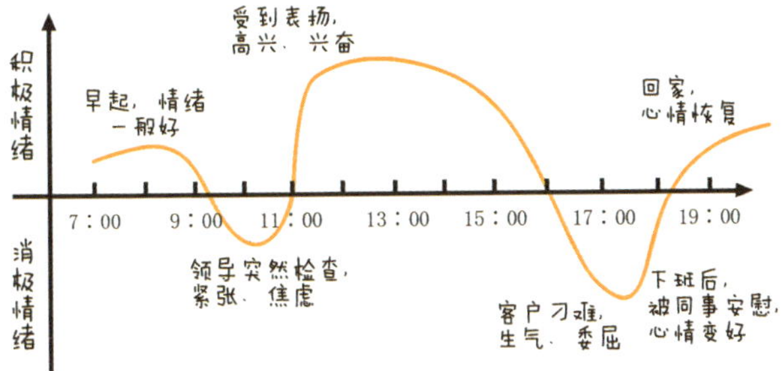


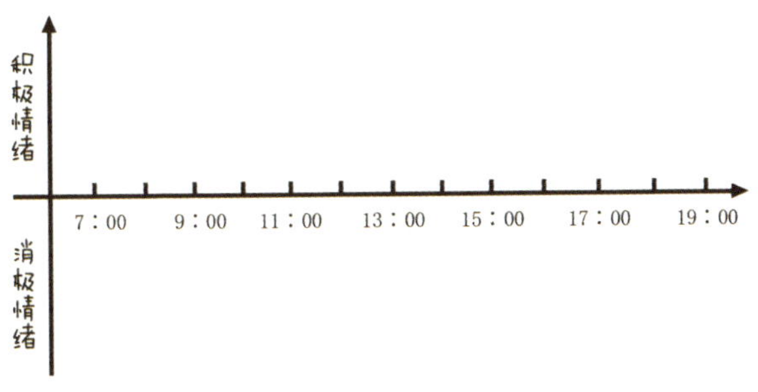


情绪心电图

# 优秀的孩子，都拥有成长型思维

斯坦福大学心理学教授卡罗尔·德韦克（Carol S.Dweck）曾经做过一项实验：找来一群孩子玩拼图，然后观察这些孩子在面对困难时的反应。随着拼图的难度等级越来越高，有些孩子开始抗议，直言道："现在一点儿都不好玩了！"甚至有孩子会直接将拼图丢在地上。

但有一群孩子的反应却恰恰相反，拼图越难，他们越兴奋，直呼道："我喜欢这个挑战！""这个拼图非常有意思。"

为什么这些孩子在面对困难时会有如此大的区别呢？研究发现，这些孩子之间的根本差异在于思维方式的不同。

## 长大后成功的孩子往往拥有成长型思维

众所周知，曾经班里成绩最好的孩子，长大以后不一定是最成功的。那些长大后获得成功的孩子，往往是拥有毅力与恒心的人，而这些品质得益于他们拥有成长型思维。成长型思维是卡罗尔·德韦克教授提出的一种思维方式。拥有成长型思维的孩子，会相信通过努力学习、坚持不懈、良好的策略和他人的指导，可以提高自身的禀赋和能力。在教授数十年的实践中，她发现拥有成长型思维的孩子往往愿意应对更多挑战，在面对困难时也更加坚韧不拔，而且往往越处于困境，成就越突出。

比如当考试不理想时，有的孩子会自我否定，甚至自暴自弃。而拥有成长型思维的孩子，他们会去思考：

这次发挥不好，是哪些知识掌握得不够扎实？

怎样做才能避免下次犯同样的错误？

面对失败能收获什么？

他们相信只要愿意去努力，就肯定会有进步。

## 每个困难都是孩子进步和成长的契机

孩子的成长型思维并非天生，而是在与父母的点滴互动中形成的。我们家长怎么看待孩子的成功和失败，会直接影响孩子对成败的态度。一般来说，家长强调的方面，孩子会为之努力。家长帮孩子建立成长型思维会让孩子拥有良好的心态，面对困难和挫折时，不会轻易放弃。那么怎样帮助孩子建立这种思维呢？

### 1. 在孩子做得好时，科学地表扬孩子

在表扬孩子的时候，家长要多进行具体的表扬而非模糊的

表扬。太多空泛的表扬，会让孩子迷失自我，甚至让孩子难以接受批评和失败。我们可以针对某一件事或某一个点进行具体表扬，也就是让孩子非常清楚自己哪里做得好。

例如，用“这篇文章写得非常有想象力，读起来很有趣！”，替代“写得好！”；用“今晚8点就写完了作业，看来你事先的规划真的很有帮助。”，替代“你很厉害！”。

家长也应注意要表扬过程而非表扬个人特质。我们不要一味表扬孩子的天分或才智，而是要对孩子积极投入的过程进行表扬，表扬他们的努力，他们的策略，他们的专注、坚持与进步。家长经常对孩子努力的过程进行表扬，可以激发孩子的韧劲，增强孩子承受挫折和重新振作的能力。

例如，用“这道题挺难的，但你一直在努力思考，没有放弃！”，替代“你真聪明，这么难的题都难不倒你！”；用“你今天背单词的时候真的很专注，所以这么快就全都记住了。”，替代“这么快就背完了，你真是个记忆天才！”。

### 2. 鼓励孩子从失败中得到成长

很多家长不能正确看待孩子的错误和失败，觉得失败就反映出孩子能力不行，也会让自己很没面子。其实错误和失败是孩子绝佳的成长机会。对任何一个人来说，逃避失败，就意味着放弃了进步。

所以家长首先要理解和允许孩子犯错，鼓励孩子多去尝试，让孩子不断地打破思维限制，寻找新的机会，一步步地去深入思考，这样孩子才能逐渐变得强大。

例如，孩子在某竞赛中落榜时，家长可以这样问孩子："你对这次竞赛有什么感受吗？你觉得下次准备竞赛时，在哪些方面会做得更好呢？"我们还要让孩子明白：面对失败，他不是永远无法成功，只是暂时还没有做到。

再如，孩子在考试中做错了很多题，我们可以对他说："这次做错了没有关系，之前有一些知识点没弄明白，不代表我们永远都弄不明白。错题正好给我们提供了一个学习机会，让我们能够把不懂的知识弄懂，通过努力把知识掌握得更牢固。"

综上所述，具备成长型思维的孩子关注的是"我还没有去做的那些事儿"，而不是"我现在成绩不好，我做错了很多题"这样一种现状。他们不会把"我成绩不好"当成一个好像很难去改变的问题，而是去关注为此应该如何做的方法，不会关注"成绩不好"这样一个结果，而是关注"为了改变，我到底还可以做些什么，我应该怎样去努力"这样一个过程。我们不要让孩子为自己的错误感到羞愧，也不要让孩子为自己的错误寻找借口。

在漫长的人生道路上，没有谁能够一生顺遂，而培养孩子的成长型思维，会让孩子在成长路上更加积极自信，拥有更多的勇气和智慧。

# 培养孩子的责任感要从小事开始

生活中，很多家长会以“以学习为重”为理由，不让孩子做任何家务。殊不知，这样一种父母包办一切的教养方式，久而久之会让孩子养成以自我为中心的性格，会使孩子逐渐缺乏责任感，学习也会表现出被动与倦怠。试想一个家里酱油瓶倒了都不扶一下的孩子，又怎能指望他为自己的行为负责呢？更别说将来为家庭、工作、社会负责了。

## 家长不包办，孩子才负责

著名教育家陈鹤琴先生说：“凡是孩子自己能做的事，就让他自己去做。”责任感都是在一点一滴的小事中积累起来的，孩子首先要学会自理，要有能力把自己的事情处理妥当。自己的事情自己做，孩子进一步，大人退一步，这才叫成长。比如，让孩子自己收拾自己的房间和书桌；让孩子每天自己整理书包、检查作业等。这些日常生活中的小事，看似不起眼，却能让孩子养成对自己负责的好习惯。只有家长肯放手，孩子才能学会承担，才能树立起责任意识。

## 承担自然后果，培养责任意识

法国教育家卢梭（Jean-Jacques Rousseau）曾提出一个著名的教育方法——“自然后果法”，他认为如果孩子犯了错，在保证安全的情况下，我们需要让孩子体验并承担这种错误带来的自然后果。

比如上学迟到这件事，很多家长因担心孩子迟到，经常会不停地催促，有时候还忍不住发火，一大早就搞得家里鸡飞狗跳。其实，我们可以让孩子体验一次迟到带来的自然后果，他可能会觉得尴尬，也可能会因为错过听讲而遗憾，甚至可能会被老师批评。但是，只有他亲身体验了这些不好的感受之后，才能更深刻地体会为什么不要迟到，之后他才可能自己想办法避免迟到。

媒体上曾报道过这样一个故事：一个美国小学生因在学校有破坏性行为而受到“停乘校车一周”的处罚，这个孩子只好每天步行上学。有人问他的妈妈为什么不开车送孩子去上学，这位妈妈坚决地说：“他应该对自己的行为负责！”如果说“孩子犯错”是教育的良机，那么“适度惩罚”就是让孩子学会承担责任的开始。事情的自然可见后果和适当的惩罚，都能够直观深刻地增强孩子的责任意识，从而帮助他们养成对行为负责的习惯。

当然，当孩子做了力所能及的事情后，家长要多多表扬孩子，告诉他哪里做得好，并适当给孩子一些合理的奖励；而当孩子犯了错，家长该严厉时必须得严厉，必要时给孩子适当的惩罚，要让他懂得每个人都要对自己的行为负责。

## 巧用家务活，培养责任意识

家里有适合孩子做的家务（例如刷碗、擦地板等）一定要舍得让孩子来做，家长不要因为孩子做得不够好就包办替代。日常生活中，父母要多给孩子帮助家人做事的机会，让孩子有成就感，而成就感是一种内驱力，是孩子成长路上必不可少的人生体验。通过这些生活小事，让孩子更多地参与到家庭生活，孩子的责任感也会慢慢建立起来。

俞敏洪老师曾经多次分享他从小做家务的心得，他说：“我从上小学的第一天开始，母亲就对我有一个要求：每天早上起来必须把被子叠好，扫完地才能去上学，这个习惯一直到上大学都没有改变。我到大学也一直扫地，这带来一个好处——大家认为我比较喜欢为同学服务，都认为我是一个不错的人，最后都愿意与我一起做新东方。”从俞老师的分享中可以看出，正是从小做家务培养出来的责任感，让大家纷纷选择信任他，都愿意加入他的公司——新东方。

孩子其实并不只想要被宠爱，和我们成年人一样，孩子同样渴望那种被他人需要的感觉。孩子也很容易在承担责任的过程中认识到自己有能力做好很多事情，而且也会察觉到：做有益于他人的事情能够让自己快乐。“责任是信念之基，担当是力量之源。”一个有责任感、有担当的孩子，才能在未来的人生路上走得长远。

第五章

# 关系的变化

# 同伴，让孩子遇见更好的自己

良好的同伴关系不仅能使孩子的情感需求得到满足，而且有助于孩子学会尊重社会规则、提高人际交往能力。步入青春期的孩子尤其重视同伴的评价和认可，同学和朋友的影响力也许远大于家长和老师。

## 10~12 岁孩子同伴交往的特点

人际关系是我们每一个人实现个人社会化、获取外界知识、形成良好个性的重要途径。对于青春期的孩子来说，同伴关系会逐渐替代亲子关系，并成为他们最重要的人际关系。对家长来说，我们要基于青春期的孩子同伴交往的特点，帮助孩子掌握基本的人际交往技巧：

* 孩子的朋友圈大多是以同学为主的同辈群体。值得家长注意的是，网络也是孩子朋友圈的来源。

* 孩子在交友过程中会受到多种因素的影响。比如，在一

个班里，同学之间会由于座位靠近或住所较近而成为好朋友。在选择好朋友的时候，孩子往往会很注重志趣相投、有默契、能够相互倾吐心里话等方面。

✹ 一旦成为好朋友，他们彼此的忠诚度会变得很高，关系会变得非常密切，喜欢一起进行许多活动。这样会促进孩子自我认知的形成以及合作意识的养成。

## 良好的同伴关系会让孩子更优秀

良好的同伴关系能让孩子在情感上得到支持，让孩子更有安全感。同时，良好的同伴关系也会让他们有更积极的自我价值判断，使他们更加自信，心理也更加健康。另外，在与同伴的互动中，孩子可以学会如何与他人合作；有矛盾时，也会思考如何去化解。与同伴的这些交往可以帮助他们更好地提升人际交往能力。

相反，如果孩子没有良好的同伴关系，甚至不合群，就可能产生自我价值被否定的感觉，由此影响心理健康，进而对学习和身体健康也产生一系列的负面影响。

## 协助孩子搞好同伴关系

一份初中生人际交往现状的调查报告表明，性格脾气好、兴趣想法相近、思想品德好的孩子最受同伴的欢迎；而总想让别人听自己的、动不动就发脾气、行为习惯差的孩子最不受同伴欢迎。

如果你的孩子各方面都很优秀，却没有朋友或朋友很少，甚至被其他同学排斥，家长就要认真对待这件事，并且很有必要对孩子进行指导和支持。

| 排序 | 喜欢同学的原因 | 不喜欢同学的原因 |
| --- | --- | --- |
| 1 | 性格脾气好 | 自私，希望别人听他的 |
| 2 | 兴趣想法接近 | 性格脾气差，动不动就发火 |
| 3 | 思想品德好 | 行为习惯差 |
| 4 | 成绩好 | 总是怀疑别人 |
| 5 | 相貌漂亮 | 爱忌妒别人 |

## 学会尊重和倾听他人讲话

如果孩子在和朋友对话时总是打断别人，家长就要培养他们倾听的能力。

日常生活中，家长要跟孩子约定，告诉他：别人说话的时候要认真聆听。如果特别想打断别人的发言，就先加一句“抱歉，能让我先说一句吗”，然后再发表自己的想法。而且在家里，不论是父母之间还是父母与孩子之间，我们都要在对方说话时保持尊重，不要随意打断，家长要给孩子一个正确的示范。

## 不要总是否定他人

如果孩子在和别人对话时总是习惯性地否定对方，比如经常说“不对，你说的不对”，这时家长可以告诉他：“当想要习惯性否定别人时，可以用‘我的想法是’或者‘我的想法和你有点不一样’来替代‘你说的不对’。”

## 控制好自己的脾气

脾气暴躁的孩子，需要提升情绪管理的能力。在家庭生活中，每当孩子要发脾气时，我们可以先直接和孩子说“你是生气了吗？”“我感觉你生气了”，接着可以安慰他说“不妨先做几次深呼吸，等你调整好，我们再说”。等孩子情绪平复后，我们再和孩子聊这个问题。

当然，更重要的是，当我们发现自己在生孩子的气时，我们要提醒自己调整好情绪。如果家长能平和地与孩子交流，相信孩子也可以渐渐学会如何管理好自己的情绪。

关于同伴关系的话题可以通过家庭讨论，进行训练示范。家长要多与孩子沟通，倾听孩子的声音，而不是强制性地干预孩子的选择。我们家长给孩子建议时，要平心静气，先表达自己对孩子的理解，再用适合他们的方式，给予孩子爱与支持。

## 彩蛋来了

每位家长都会鼓励和支持孩子多结交与他兴趣相投的朋友，如果孩子愿意，家长可以和孩子一起梳理一下他的朋友圈。将朋友们的性格、爱好、特点都呈现在下列表格中，看看怎样做可以让友谊更进一步。

| 朋友姓名 | 性格 | 爱好 | 他喜欢什么样的人 | 他讨厌什么样的人 | 怎样能和他的关系更好 |
| --- | --- | --- | --- | --- | --- |
| | | | | | |
| | | | | | |
| | | | | | |
| | | | | | |
| | | | | | |
| | | | | | |
| | | | | | |

# 不“打”不相识

成语“不打不相识”是指两个人本来是敌人、对手，经过交手，相互了解后，能更好地交往、相处。在孩子之间，也存在一种“神仙友情”，他们经常会因为“不打不相识”而结下一辈子的友谊。

## “对手”常常也是最好的朋友

本来素不相识的两个孩子，之所以能成为好朋友，通常是因为他们志趣相投，有着相同的兴趣、爱好，或者他们身上都具有真诚、讲义气和敢作敢为等优秀品质。

有趣的是，很多孩子的朋友都是曾经赛场上的“对手”。两个能够成为“对手”的孩子，性格与爱好相似的概率很高，而且他们往往在赛场上有着不分上下的实力，他们能够从彼此身上看到自己的长处和短板，会很敏锐地发现真实的对方。如果两个孩子追求的目标相似，就会经常琢磨对方：“我这样想，他会怎么想呢？”而竞争的过程也会带来快感。如果有竞争关系的两个孩子能成为好朋友，这对于他们在学业、特长上的发展都会大有裨益。两个孩子可以通过交流思想、切磋技艺，实现“多赢”。

## 良性的竞争才能成就友谊

当然，不是所有有竞争关系的孩子都能成为志同道合的朋友，现实中因为竞争而互相嫉妒、排挤的例子也不在少数。所以说，因“打”而相识、相知也需要一个至关重要的前提——那就是孩子对于竞争的态度是积极的、健康的。

这就需要家长在平日的教育里帮助孩子树立积极、健康的竞争观。比如：不要老拿孩子与他人做比较；不要以成绩、排名来要求或评判孩子；不要一味给孩子灌输弱肉强食的道理等。同时，家长也要告诉孩子，所谓“竞争”不是指“只有对方输了，我才能赢”，良性的竞争应该是自己跟自己比，要反思“我有没有超越过去的自己”，“我有没有取得突破”。我们要知道“输得起”的孩子，才能广结善缘，走得更远。

## 孩子“打”交道，家长少插手

日常生活中，也有一些孩子会因为“打打闹闹、磕磕碰碰”而相识。两个人起初可能是因为误会或为自己的同学打抱不平而发生冲突，在后来的交涉过程中才开始逐渐了解对方、欣赏对方，最终化干戈为玉帛。

这个时候，家长要保持一颗淡定的心，先不要着急去插手、干涉，不要一听到孩子跟别人发生了冲突，就急匆匆地跑去学校找那个孩子的家长或老师理论。其实，放手让孩子自己解决问题才是上策，因为这个过程恰恰也是孩子锻炼人际交往能力的重要时机。

在与小伙伴相互作用的过程中，孩子学会了调整自己的行为。我们家长只需要适时安慰他的情绪，并引导他积极地去探索解决方案。如果家长自己刚好也有类似的交友经历，此时给孩子分享亲身经历无疑是最生动、最有效的方法。

进入青春期后，孩子与成人群体的关系开始逐渐疏远，同伴关系成为孩子最主要的人际关系。这个阶段的孩子面临着更多的烦恼，而同龄小伙伴之间的沟通和交流，可以起到彼此支持的作用，能够消除或减少孩子的紧张和压力。希望每一个孩子都能和生命中遇到的“对手”成为志同道合的朋友。

# 向欺凌大声说“不”

孩子遭受欺凌时，家长都会心疼和气愤，同时也难免感到些许纠结与无措。是该鼓励孩子以牙还牙、以暴制暴呢？还是劝孩子别还手，避免以后再接触就行？抑或是去找对方家长算账，去找老师告状？

## 细心观察孩子，及时与老师沟通

在受到欺凌后，有的孩子可能由于受到恐吓而不敢告诉家长和老师，所以我们家长平时要注意观察孩子，如果发现孩子有一些异常的行为或表现，比如，身上忽然出现不明来由的伤痕，情绪低落，常常发呆，对原来喜欢的事不再感兴趣，不想学习，甚至经常说头疼、胃疼等，这就要特别留意并询问孩子。

如果确定孩子受到了欺凌，要及时和学校老师反映情况，跟校方共同商讨，妥善处理。我们的目标是尽可能地帮助和保护孩子，避免孩子遭受更严重的伤害。

## 倾听孩子，给予孩子心理支持

孩子被欺负了，他的内心肯定会有伤心、委屈、愤怒等情绪，我们要认真倾听孩子的感受，引导孩子把这些情绪充分表达出来。

在倾听的过程中，要做到与孩子共情，让孩子感到父母是理解他的。比如我们可以对孩子说："我能感受得到，他们这么做，让你很委屈，很伤心，也很愤怒。我也觉得很生气。"

父母的倾听和共情，会从心理上给予孩子支持，让孩子感到自己被理解。情绪的表达和释放也有利于孩子的身心健康。

## 教会孩子保护自己，向欺凌说"不"

面对欺凌，我们也要教孩子学会保护自己，学会有效地反击。反击当然不是以暴制暴，而是要大胆地说出来，制止对方的行为。

为了防患于未然，我们可以先在家里告诉孩子不同情境下如何尽可能地去避免可能遭到的伤害，不妨详细列出几种可能出现的情况：比如在去学校或回家的路上，尽量避开那些喜欢欺负人的孩子，不给他们欺负自己的机会；一旦遇上，在对方动手打人时，要尽快逃开，同时要大声呼救；如果是在学校课间受到欺负，要勇敢地告诉老师，或者寻求其他同学的帮助。还有一种情况，就是对方动手打人时，自己是可以还手反抗的，让他知道你不是好欺负的。但这种方法的后果是，可能因为你的还手，使事情演变成互殴，你也会因此受罚。

当然，我们也可以让孩子学习自我防卫的一些技能。比如，让孩子学习武术或者跆拳道等，孩子的体格强壮了，就不太容易成为被欺负的对象，关键时刻也有能力来保护自己。

另外，我们也要鼓励孩子在学校多交朋友，一般来说，身边总是有好朋友同行的孩子，更不容易成为被欺凌的对象。

## 积极引导，提升孩子的自尊和自信

许多研究表明，长期遭受欺凌的孩子，自尊心会受到损害。自尊关乎一个人对自己是否有价值的主观感受。高自尊的人，不管外部如何评价，或者自己处在什么环境中，都会觉得自己是一个有价值的人。而低自尊的人，对自己的评价很容易受到外界的影响，当外界出现负面信息时，就容易否定自我价值。

许多欺凌，包括语言欺凌、社交欺凌、暴力欺凌和网络欺凌等，都伴随着对人格的侮辱和否定，这很容易打击孩子的自尊和自信，会让孩子怀疑自我价值。

因此，我们家长必须要让孩子知道：每个人的价值不会因为别人的所作所为而降低。

当孩子知道父母是他身后最坚强的后盾时，内心就能感到自己被支持和被接纳。当他懂得自我肯定、自我激励时，就会生发出属于他的自尊与自信，也就敢于向欺凌说“不”。在家长的支持下，他会努力地走出困境，选择一种更积极的态度和方式去面对和解决问题。

#  孩子追星不可怕，理性引导很重要

10～12岁的孩子已经进入了青春期初级阶段，他们会呈现青春期孩子的一些特点，比如不再像以前一样跟父母倾诉心事，变得不愿意交流，甚至让家长觉得他们的心开始像一座孤岛。

让许多家长更为焦虑不安的是，这个时期的一些孩子成了追星族。在很多家长眼里，追星是一种沉迷偶像无法自拔的盲目行为。因此，一旦发现自己的孩子加入追星族的行列，很多家长的第一反应是全力将孩子追捧的“明星”清除出孩子的学习和生活视野。有的家长甚至会采取强制措施，比如没收、撕毁、扔掉孩子收集的明星周边产品，因而造成了很多亲子冲突。

其实，孩子追星的行为背后，也有着一定的正面动机。这就需要我们走进孩子的内心，了解他们内心深处的渴求和需要。

## “追星”追的不仅仅是“潮流”

青春期孩子对美有着强烈的追求，他们认为明星的发型、着装，甚至是某个手势都代表着美与帅气，代表着时尚和潮流，“追星”当然就是追时尚、赶潮流。特别是有些明星身上有一种常人没有的爆发力，很容易感染孩子。孩子们会把明星当作模仿对象，让自己变得更好。

另外，通过与同学谈论明星、一起追星，孩子之间比较容易建立友谊，能够快速融入他们的圈子。所以，追星便成了孩子寻求同学认同、寻求归属感的一种方式。

事实上，很多孩子的追星行为并不是家长想象得那么肤浅。孩子追星的过程可以概括为：始于颜值，合于性格，久于善良，终于人品。家长不妨跟孩子聊一聊他为什么喜欢某个或某些明星。在聊天过程中，家长千万不要以先入为主的偏见给出并不客观的评价，因为孩子都希望获得家长的认同，包括认同他喜欢的明星。

## 科学追星，学习优秀品质

明星身上有着许许多多的优点，比如有的明星唱歌实力很强，有的明星极具人格魅力等。我们要引导孩子对明星有全面深刻的认识，既要让孩子看到明星在舞台上或影视作品中光鲜亮丽的一面，也要让孩子看到明星在舞台背后的努力与坚持。现在很多明星在做公益，传播正能量，这种榜样的力量对孩子来说也是一种精神鼓舞。家长可以告诉孩子，对于偶像来说，最好的支持不仅仅是粉丝参与多少活动、购买多少周边产品，而是支持他们的人也是一群努力向上的人。比如，有的孩子在追星过程中挖掘了自身潜力，增强了某项技能。

另外，父母也要告诉孩子，追星不一定就是追娱乐明星，在教育、科技、文化、艺术等各个领域，有很多做出贡献的人物，他们同样是许多人的偶像，也是许多人追求的“明星”。

## 理智追星，量力而行

追星和其他爱好是一样的，需要投入时间、精力和金钱。家长在发现孩子追星的时候，一定要引导孩子量力而行，适度追星。

一方面，在合理范围内，家长可以满足孩子追星的好奇心，并支持他们的一些行动。

我们家长可以跟孩子一起约定追星的原则及标准。比如跟孩子约定，在时间、精力、支出方面，要合理安排，以不耽误学业为前提，不能有违反法律与社会道德的行为等。

另一方面，家长要进行适度的监管。为了支持偶像，孩子免不了花钱购买偶像的周边产品、代言产品，以及购买各种活动的门票等。作为家长，最忌讳的就是无条件、无底线地敞开腰包任由孩子挥霍金钱。曾有新闻报道过：湖南一位 12 岁的女孩用妈妈的 3 万多元存款打赏一位男主播；河北一位 11 岁的女孩观看某主播做彩泥，出手阔绰，打赏主播 9 万……这样的例子警醒我们：孩子为偶像一掷千金的行为背后，一定是家长的监管不到位。作为父母，我们有责任和义务引导孩子理智追星，引导孩子用健康、积极、正向的方式追星，而不是既浪费了金钱，又让孩子耗费了时间和真情实感。

偶像崇拜是青春期孩子的必经阶段，只有正确的引导，才有良性的循环。当孩子感受到家长对自己的理解和支持，他将会更理智地处理自己的学习、生活和追星之间的关系。

## 彩蛋来了

在校园里，偶像是孩子们聊得最多的话题之一。在家里，家长不妨找时间跟孩子一起聊聊这个话题，交流过程可以围绕以下四个问题展开：

（1）你的偶像是谁？你孩子的偶像是谁？

（2）你 / 孩子为什么喜欢他？

（3）你 / 孩子用什么方式支持过他？

（4）偶像给你 / 孩子带来了什么影响或启发？

# 最好的教育关系：家长支持老师，老师支持孩子

回想起自己的学生时代，我们会发现：如果当时自己喜欢某位老师，这位老师所教的科目就会学得很好；如果当时自己讨厌某位老师，一般情况下也不会喜欢他所教的科目，这门课的成绩也就很糟糕。我们不得不面对这样一个事实：任何一个学校都无法配备让所有家长与学生都满意称心的教师阵容。作为家长，我们能做的就是：做老师和孩子之间的桥梁，促进师生之间建立起良好关系，正所谓“亲其师，信其道”，这将有助于孩子开心快乐地在学校学习。

那么，家长应该怎么做呢？

## 用老师的光芒照耀我们的孩子

无论是公立学校还是培训机构，都有很多优秀的教师，他们有的口才超群，有的博学多才，有的幽默风趣。诚然，老师的教学水平与教学能力存在一定的差异，但我们不可否认的是，资历不深、教学水平一般的老师也同样能教出优秀的学生。

所以我们家长要做的是引导孩子去发现老师的优点，也就是用老师身上的某种光芒去照耀我们的孩子，让孩子对老师产生更多的敬佩和信任。比如，发现老师作业批改评语中的字写得很漂亮，或者老师的评语很有文采，老师的观察很认真、细致等。当我们发现了老师的诸多优点，也便找到了让孩子跟老师建立关系的契机，这时就可以在孩子的面前反复说出自己的这一发现，让孩子察觉到老师的优点，以及老师对孩子的关注。

这样一来，在建立孩子对老师的信任和喜爱的过程中，家长便起到了积极的促进作用。

## 让老师看到孩子的闪光点

来自老师的关注和肯定，是孩子学习动力中的重要因素。作为家长，我们期待自己的孩子被老师关注，同时也要对一位老师面对那么多学生，难免会有疏忽的情况有所理解。要想自己的孩子得到老师的关注，那就要发现和创造属于孩子的优势和特点，并传递给老师。

家长除了要引导孩子认真听讲、按要求完成作业以外，还可以引导孩子适时向老师介绍自己的爱好，展示自己的小才艺等。家长也要主动与老师沟通，反馈自己看到的孩子的点滴进步。这样，就可以让老师了解我们家长的想法，当老师看到孩子的闪光点后，自然会关注到我们的孩子。

## 多和老师交流，有问题私下沟通

近年来，学校与家庭之间的矛盾日益突出，家长抱怨老师的新闻屡见不鲜。这种抱怨通常源于家长对老师的不满，觉得孩子在学校的任何风吹草动都是老师的问题。其实，老师也是普通人，当我们对老师的行为感到不解的时候，可以私下和老师沟通，探究背后的原因。

所有的老师都希望自己的学生越来越好。家长切忌当着孩子的面挑剔指责老师，这样会破坏老师在孩子心目中的形象，降低老师的威信，甚至让孩子失去对老师的信任。更重要的是，孩子很可能会用家长负面的眼光去看待老师，学习动力也会有所下降。

## 及时疏导孩子对老师的负面看法

当孩子聊起对老师的负面感受时，我们一定要从正面引导，告诉孩子：老师也是平凡的人，老师也不是特别完美的。家长可以用老师的长处来引导孩子理解老师。即使这些疏导不能一下子转变孩子的感受，也会为孩子后面的改变起一定的铺垫作用。

如果有必要，我们要及时跟老师沟通，请老师多关注一下自己的孩子。我们还可以在孩子取得阶段性进步时，感谢老师的指导和支持。相信当老师因为孩子的进步而称赞孩子时，老师在孩子心目中的形象也一定可以扭转。

总之，当我们用真诚和信任建立与老师之间和谐的合作关系时，就是在为孩子铺垫和谐的师生关系，这样才能形成教育的合力。

第六章

# 家庭的变化

# 读懂孩子的叛逆行为

当孩子进入青春期的时候，很多父母会感到不适，因为之前那个依赖自己的孩子转身变成了一个有秘密、有个性，甚至很叛逆的孩子。

## 勿入“吼叫型”“讨好型”父母的教育误区

在面对孩子的叛逆行为时，很多家长处理得非常糟糕，这导致了不少亲子关系紧张、孩子不良行为积重难返的社会问题。

在我们生活中，有一类典型的“吼叫型”家长，这类家长往往无法忍受孩子的叛逆，他们无法控制自己的情绪，常会在孩子面前大喊大叫，有时甚至还会大打出手。这种情绪化的教育方式会更加让孩子感受到父母只是想控制自己，而青春期孩子必然会反抗父母的这种控制和束缚。

还有一类家长属于“讨好型”家长。这类家长强调尊重孩子，与孩子平等相处，他们轻易不会指出孩子的问题。可是，对于身心并不成熟、缺乏自控能力的孩子来说，父母的“讨好”无法让他们理解“规则”和“边界”是什么。这类家长要明白：作为父母的我们，最重要的责任不是让孩子喜欢我们，而是能够引导他们去做正确的事情。

## 避免权力之争

父母与孩子之间的关系会随着彼此年龄的增长而变化。在孩子小的时候，父母是他的整个世界。但是随着认知水平的不断发展，孩子逐渐长大，终有一天，孩子对父母的正确性、高大性的印象，将处于一种解构状态。此时，双方就会很容易把对方放在对立面。很多父母会认为，孩子的反抗是对自己权威的挑衅，于是更想管控孩子。而这时候的孩子为挣脱束缚，会加倍反抗，双方就陷入了“权力之争”。

为避免卷入权力之争的旋涡，建议家长在与孩子沟通之前，事先写下你想要说的话，这样在与孩子对话时将会有章可循。在沟通时，家长要特别注意以下三个要点：

第一，事先约定或协商。我们要跟孩子明确相关事件的规则和结果，并预留出彼此内心接受的过渡时间，这也是对双方的尊重。比如跟孩子约定完成作业后玩电子产品的时间时，就要先明确，如果双方做不到会有什么后果。

第二，给予选择权并承担后果。在发生问题的当下，可以给孩子赋权，允许孩子表达不同意见、做出不同选择并承担相应后果。比如在孩子沉迷游戏不写作业，或者使用电子产品超时的时候，我们就有权根据约定没收手机，或者减少后面使用电子产品的时间。

第三，父母要保持“冷静”“坚决”和“非控制”的态度。无论是跟孩子约定规则，还是在发生问题的当下，我们都要时刻记得“冷静”“坚决”和“非控制”的沟通态度，这种态度能让我们与孩子之间的沟通更有效。

## 调整心态，努力与孩子站在同一阵营

有些孩子的青春期相对平顺，有些孩子则会特别叛逆，闹得家中鸡犬不宁、天翻地覆。如果家长提前了解了青春期孩子的特点，在心理上有所准备的话，在面对孩子的“巨变”时就不会显得特别被动。

青春期孩子的身上处处体现着个性化行为，比如孩子会剪与众不同的发型，穿另类的衣服等。而很多家长总看不惯孩子这些“标新立异”的行为，于是就开始指责和批评孩子，甚至强迫孩子去改正。这样做的结果，常常会把孩子推得更远。

有智慧的父母的做法应该是保持理性，给孩子一定的空间，给予孩子更多的耐心、理解和包容。真正的关心和尊重才能进一步增强孩子对父母的信任，使他们相信：任何时候，父母都是自己坚实的后盾。而当家长平等、尊重地对待孩子时，孩子也会更趋于合作，他们会愿意和父母商量自己遇到的麻烦和困难，也会更加相信父母的智慧和经验。

# 现实的快乐是破解网瘾的良方

对于生于网络、长于网络的青少年来说，互联网已经像空气和水一样渗透在他们学习和生活的方方面面。特别是近年来，随着在线教育的普及和推广，青少年使用网络的频率倍增。网络给青少年带来了巨大的便利，丰富了他们的生活，也助力了他们的学习。但必须承认的是，一旦孩子对网络产生依赖，他们的成长也会受到一定的阻碍。

很多孩子之所以沉迷于网络，是因为网络能给他们带来现实生活中想要却无法获得的轻松和愉悦。所以，要想破除网络的“瘾”，作为家长，我们需要增加孩子在现实生活中的积极感受。

## 用社会活动增加孩子的参与感和意义感

孩子的兴趣爱好本应该是多种多样的，如果只有学习，没有兴趣爱好，这种过于单调的生活方式，往往容易使孩子感到心无所依。此时，网络便乘虚而入，成为孩子放松消遣的替代品。这些从小被剥夺兴趣爱好的孩子，会觉得在现实生活中跟他人相处是一件非常复杂和困难的事情，而在虚拟的网络世界里，能够隔着屏幕与他人交流，孩子会有足够的安全感。

对于这类孩子，家长除了鼓励孩子去结交现实的朋友以外，更应该多为孩子创造外出游玩的机会，从而使孩子结识更多有趣的人。

家长还可以带着孩子多参加一些有意义的社会活动，比如社区的垃圾分类宣传、公益组织的社会扶助活动等。这些积极的助人活动能让孩子感受现实中人与人之间的真实感和活动的意义感，获得心理上的力量，从而帮助孩子抵御人际交往中的焦虑和不安。

## 用优质陪伴提升孩子的家庭幸福感

来自学习的压力或父母严格的管教，会让孩子心中的负面情绪不断累积，当负面情绪难以抵消来自家庭的积极感受时，孩子就容易依赖从网络中获得短暂的轻松和愉悦。

由于工作很忙，很多家长能给予孩子的更多是物质上的满足和学习上的监督，而往往容易忽视孩子的心理感受和情绪起伏。但相比于网络给孩子带来的虚拟的快乐，家人在一起所带给孩子心安或快乐的感受则更加真实而有意义。

所以平时在家，家长要尽量抽出时间跟孩子一起聊聊天，聊些孩子感兴趣的话题，也可以聊聊自己的职场故事；或者和孩子一起去户外运动；或者一家人去看一场电影、一场足球比赛；或者让孩子带我们体验一次密室逃脱；还可以全家人一起大扫除等。

总之，让孩子的闲暇时间多一些家人的陪伴，如此一来，网络就不再是他们闲暇时间最重要的“玩伴”了。

## 用正向反馈让孩子在学习中获得成就感

我们可以从“孩子为什么都爱玩网络游戏”这个问题切入，思考一下游戏到底能给他们带来什么。

通过仔细分析，我们会发现，游戏里每一个环节的设计都是有技巧的。比如，在游戏过程中，难度一定是一点一点增加的，每通过一关，就能看到经验的增长。当经验积累到一定程度时，就可以升级，这时屏幕上会出现绚丽的庆祝效果和令人激奋的声音。这些设计都是积极、正向的反馈，能让孩子获得成就感。

而在学习中，孩子得到的反馈往往就很模糊。如果把学期考试作为反馈，周期显得太长；如果把课堂提问作为反馈，随机性又太强。值得一提的是，在游戏过程中的每一个失误或失败，游戏界面往往会显示“再接再厉”“别灰心”“胜败乃兵家常事”“大侠再来一次”等鼓励的话语。而当孩子考试没考好或者作业题没做对时，听到的常常是“你怎么错了这么多”“这么简单的题怎么都能错”。试问，这样的反馈谁会喜欢呢？

所以，我们要学习游戏中的正向反馈机制，让孩子在现实中获得相应的肯定、鼓励和表扬，毕竟真实的反馈要比虚拟的反馈更能证明自己的价值。

对孩子来说，网络可以为生活、学习增加便利与乐趣，但网络不应该成为孩子唯一的快乐源泉。网络的瘾，需要我们用现实的快乐来破解。

# 为孩子编织信息过滤网

对于在互联网时代成长起来的孩子来说，上网聊天、看视频、看直播、听音乐、看小说、玩游戏……几乎成了必备的网上娱乐项目。小学生的身心发育尚未成熟，对是非善恶美丑的

辨别能力较弱，自控力也不强，因而很容易受到网络上不文明、不道德信息的影响。甚至会遭遇网络诈骗，给孩子造成严重的伤害。所以，家长要加强监护并正确引导，教会孩子抵制网络中的不良信息。

## 关心孩子的上网情况

互联网已经成为这个时代不可代替的认知和社交方式之一，家长不能一味粗暴地来干涉孩子的网络生活。与此同时，在给予孩子足够的“网上空间”的同时，我们家长也必须关心和引导孩子，告诉他们如何安全上网、健康上网，使孩子具有高度的安全意识、必备的防护技能和文明的网络素养。

网络信息纷繁复杂，家长除了提醒孩子学会识别并防范不良信息外，也有必要对孩子的网络交友行为给予适当限制，让孩子知道保护自己和家人的隐私，在网上不轻易公开自己和家人的姓名、住址等重要信息，以提高防范意识，不让坏人有机可乘。

我们要提醒孩子：一旦发现网上的内容有问题，要及时向家长、监管部门反馈。如果孩子有自己的手机或平板电脑，要关注他们下载了哪些 APP，这些 APP 的功能和内容都是什么，确认是否适合孩子使用。如果有必要，家长要提前对手机或电脑进行安全设置，或者对孩子提出使用要求。

当然，家长不要时时刻刻都盯着孩子，以尊重为前提的坦诚沟通，会使孩子做出更理性的判断。我们要努力为孩子营造出清朗的网络空间。

## 不要过于依赖 APP 上的“青少年模式”

现在很多 APP 都专门为未成年人开发了“青少年模式”，以使未成年人拥有更加健康的上网环境。这种模式通过限制使用时间、简化功能、过滤不适宜内容、推送适龄内容等方式，防止青少年沉迷网络，避免孩子受到不良内容的侵害。

但仅凭一个简单的“青少年模式”，是无法阻挡“后浪”们接触形形色色的外界信息的。有人将“青少年模式”形容为纸糊的一堵墙，形同虚设。一方面，“青少年模式”很容易被孩子破解，很多款 APP 都针对“青少年模式”保留了 VIP 特权，也就是说，只要交费成为 VIP 会员，就可以突破模式限制；另一方面，“青少年模式”缺少对儿童、青少年健康保护的法规设计，仅仅依靠互联网企业的社会责任感是远远不够的。

所以，家长朋友不要觉得为孩子设置了“青少年模式”就可以高枕无忧了。在“青少年模式”真正发挥作用之前，我们要多关心孩子，自己为孩子构筑起一道“防火墙”！

## 化被动为主动，用预防替代纠正

2020 年，疫情推动了在线教育的发展，与此同时，一些家长和孩子网络素养匮乏的问题也逐渐暴露出来。因为上网或使用手机引发的家庭矛盾也引起了社会的广泛关注。想要帮助孩子筛选网络信息，家长必须要有学习的心态。例如，研究市面上吸引孩子的各款 APP 都有什么；多跟孩子一起讨论交流，哪款 APP 适合青少年使用，哪款不适合，并跟孩子说明原因。不要放任不管，也不要直接强制孩子卸载与学习无关的 APP，甚至没收孩子的手机。因为越是家长反对、阻止的事情，孩子就越想尝试。

有些家长会主动参与孩子的网络游戏，跟着孩子一起放松娱乐，这不失为一种聪明的做法。我们家长还可以一起与孩子讨论某款 APP 的功能，这样家长就可以自然地和孩子一起分析网络内容的优劣，从而帮助孩子更好地管理时间，规避风险。

网络信息繁杂，我们需要给孩子编织一张信息过滤网，帮助孩子提升对网络信息的筛选能力，教会孩子识别不良信息、挑选优质信息。在家长的保驾护航下，相信孩子更能自主选择那些有价值、能提升自己综合能力的网络产品和内容。

# 从现在开始多听少说

生活中，我们都陷入过沟通的困境。比如，当孩子难过的时候，我们会给出一堆解决方案，希望他赶紧好起来，于是我们安慰，我们建议，我们解释，可是他还是不开心……这一刻，我们太执着于自己的感受，却忘记了：在孩子难过的时候，最好的做法是倾听孩子，静静地感受孩子和陪伴孩子。

## 倾听是亲子沟通的前提

曾经有一位五年级的学生在谈到与父母沟通时，这样说道："家里有些事我认为我是可以做的，可是我爸妈总唠叨我，他们会不断告诉我'应该先干这个，后干那个'，整个过程我都像个机器人一样被指挥来指挥去。他们这么懂，为什么不自己去做呢？他们总是遥控指挥我，我反而不想做了！"

我们很多父母，常常责备孩子不听话，却未曾反思过：自己有没有好好听过孩子的话。在与孩子沟通时，我们常常自以为是地认为自己对孩子了如指掌，因为知道他的意图，所以根本不等孩子把话说完就下意识地做出反应。很多家长总是跟孩子说“不行”“不许这样”，指挥孩子应该如何做。这种“控制型”的亲子互动模式通常会导致家长更加焦虑，孩子更加叛逆，亲子关系越来越糟糕。

## 学会倾听孩子内心的声音

其实每个人的内心深处都渴望着被人尊重和理解。如果我们家长能倾听孩子的诉说，对他多一些理解和共情，孩子就愿意和我们交流。有效的倾听是指除了注意倾听孩子所说的内容和讯息外，也要倾听孩子的感受。如果没听清楚，可以请孩子再说一遍；还可以适时提出问题，表示我们对他所说的话很感兴趣。在倾听过程中，我们也不要为了表达意见去打断孩子。在孩子说完后，我们可以简明扼要地把孩子的话做个概括，然后再表达自己的看法。

遗憾的是，很多家长虽然也懂倾听孩子的道理，可是现实中的情况却是，一旦发现孩子对生活的理解与自己的价值观不同时，就忍不住开始批评和教育孩子，唯恐孩子会误入歧途。

进入青少年时期的孩子，他们不再像小时候那样依赖父母，如果不能感受到家长的尊重，孩子将在内心深处逐渐远离家长。在一些家庭中，家长和孩子之间基本没有深层次的交流，很多问题就是这样产生的。

## 父母多听少说，孩子更愿意合作

我们保持良好的亲子沟通的关键，就是忍住不说、多听少说。我们忍住不说，孩子才有更多自由表达的机会，我们才可能看到事情原本的样子和孩子真正的需求。家长需要反思的是，我们总是喜欢抢话说，我们习惯于基于过往经验和逻辑做出推断，我们容易直接评判孩子，这些“无意中”的举动往往容易伤了孩子的自尊心。

在孩子成长的过程中，如果家长唠叨、监督的声音太大，就会干扰孩子倾听内心的声音。对孩子来说，父母的倾听意味着尊重和关心。如果孩子感受到他能自由地对任何事情都提出自己的意见，而且他的意见又受到了重视，他就会变得更加敢于表达，将来就可以自信勇敢地正视和处理遇到的问题。

## 彩蛋来了

跟孩子聊一聊最近在学校有没有遇到一些困扰，请一定认真倾听哟。

✸ 在听的过程中，不要试图给出建议，而是用心倾听孩子，感受他们的情绪，并帮助孩子将他们的感受表达出来。

✸ 可以使用“听你说到……，我感觉你当时……”的句式。

# 聪明的父母这样做感恩教育

在中国传统文化中，记载着很多感恩的故事，如“乌鸦反哺，羔羊跪乳”“滴水之恩，涌泉相报”“吃水不忘挖井人”等。在日常生活中，我们要多讲给孩子听，并告诉孩子：感恩是中华民族的传统美德，是每个人应该有的基本道德准则，是做人的起码修养。

感恩是这个世界上人类最美好的行为，我们不仅要让孩子从小懂得感恩别人的付出，也要学着去回馈、去给予。那么，感恩教育要怎么做呢？美国北卡罗来纳大学的研究人员提出了感恩教育的四个步骤：

* 发现：在生活中发现那些值得我们感恩的事。
* 思考：思考为什么他人对我们施以善意。
* 感受：接受善意时，体会此刻的感受是什么。
* 行为：思考应该怎样做来表达我们的谢意。

一般情况下，我们家长在日常生活中可能会注重“发现”和“行为”，会告诉孩子哪些事值得我们感恩，以及要如何去感恩，比如收到朋友的礼物时要说“谢谢”和回礼。这里特别值得我们重视的是，我们通常很少引导孩子去思考“为什么别人对我好”以及去感受“当别人对我好时，我有什么感觉”，而这两点恰恰是能让孩子深刻理解“为什么要感恩”的重要环节。

天下没有不爱孩子的父母，但如果全家人都围着一个孩子转，孩子就会时刻扮演着被爱的角色；家长一味满足孩子的所有要求，孩子就会认为：从家长那里得到的东西都是理所当然的。这样下去，孩子会只知索取不知回报，更不会关心他人、感激他人。

事实上，只要父母引导孩子去关注生活、感受生活，孩子就会慢慢被感染。感恩教育，应该融于日常生活的一点一滴中，融于父母的一言一行中。父母不妨在生活中多给孩子创造一些表达感激之情的机会。以下为引导孩子学会感恩的具体话术：

| | |
|---|---|
| 发现 | ①爸爸送给你礼物，是不是应该感谢爸爸呀？<br>②别人关心你时，我们是不是应该心怀感激呢？<br>③最近这一周，你觉得有哪些事值得你去感激呢？那天马路上司机叔叔给你让路算是吗？妈妈每天都给你精心准备了饭菜算是吗？ |
| 思考 | ①你知道为什么爸爸要送给你礼物吗？是不是因为爸爸想通过这样的方式表达对你的爱呀？<br>②你觉得那个叔叔关心你是因为他必须关心你吗？ |

| 感受 | ①爸爸送给你礼物时，你感到开心吗？那如果你为爸爸做些事的话，爸爸是不是也会这样开心呢？<br>②在你遇到困难时，你有什么感受？当别人给你帮助后，你又有什么样的感受？所以如果有人遇到了困难，他是不是也很渴望得到别人的帮助呢？ |
| --- | --- |
| 行为 | ①让我们想想，可以为爸爸做些什么，让爸爸也能感到喜悦呢？<br>②当朋友需要帮助时，我们是不是可以去问一问、帮一帮呀？也许只是一句关心的话就能给朋友带来安慰！ |

在生活中，如果能时常引导孩子从“发现、思考、感受、行为”这四方面进行思考，那么孩子就会更懂得感恩的内涵，他们所说的“谢谢”，将不再是单纯地出于礼貌的表达，而是发自内心的感恩！生活经验告诉我们：会说“谢谢”的人，会主动地帮助别人；会说“谢谢”的人，会得到更多人的帮助；会说“谢谢”的人，更能得到别人的尊重。

培养孩子的感恩意识绝不是简单回报父母的养育之恩，而是责任意识、自立意识、自尊意识和健全人格的体现。

生活在世界上的每一个人，都享受着来自父母、家庭和社会给予的一切美好，每个人都应该怀揣一颗感恩的心，善待家人和亲友，我们要在力所能及的范围内回报社会，体现出自身的价值和担当。

# 让教育的焦虑少一点

“教育内卷”这一网络流行词折射出了当下教育的困境。它描述了这样一种现象：为了让孩子接受更好的教育，家长迫于大环境的压力而拼命竞争。你买学区房，我也买；你家娃学奥数，我家娃不仅学奥数，还要学钢琴。在孩子的教育方面，家庭的投入越来越多。

但是，人的时间和精力毕竟是有限的，随着家长不断增加自己和孩子的负荷，当这些负荷达到一定程度时，我们就会发现投入再多也不会有什么进步，反而还会出现相反的结果。这就好比一群人分蛋糕，越着急越分不到，越分不到越着急，最后很多蛋糕都在争抢中掉到地上浪费掉了。明明每个人都在拼命争取，可是得到的蛋糕却越来越少。

有人说，现在的父母可能是有史以来最焦虑的一代父母。焦虑既然已经存在，我们就不能一味主观地回避焦虑，而是要面对和克服焦虑，从而更好地支持孩子的成长。

## 觉察自己的焦虑源

我们需要知道自己的焦虑是从哪里来的。心理学研究表明，焦虑情绪是源于对未来不确定性的一种恐慌。我们都希望自己的孩子将来能取得更大的人生成就，但是，当今社会飞速发展，大数据、人工智能等新技术、新行业层出不穷，这让人类的未来充满不确定性，我们家长更加无法确定自己的孩子能否适应未来的社会。也许，正是未来社会的不确定性，以及父母不想孩子输在起跑线上，共同导致父母掉入了教育焦虑的怪圈。于是，孩子从小就被父母的焦虑牵引着往前走。

但是，我们如此拼命，就能给孩子一个充满确定性的未来吗？

## 在充满不确定性的时代把握现有的确定性

无论社会怎么变化，仍有一些家长能够做到胸有成竹，不急不慢。他们按照自己的节奏陪伴孩子成长。这些家长了解孩子的成长规律，在教育上有着一定的远见与格局。

杨绛先生的父亲杨荫杭就是此类家长的绝佳典范。据说，杨绛先生在高中时还不会辨别平仄声，父亲杨荫杭安慰女儿说："不要紧，到时候自然会懂。"后来，他常在晚上走到窗前，敲着窗子考杨绛某个字属什么声。如果女儿答对了，他便开心大笑；答错了，他还是笑哈哈的。在子女的成长过程中，杨荫杭给予了适度的尊重和自由：他鼓励子女做自己喜欢做的事；要求子女一定要自立；告诉子女要淡泊物质生活；要求子女自己的事情自己负责；告诉子女要有说“不”的勇气。

最关键的是，杨荫杭身体力行，一生为人刚正不阿、积极向上、不断学习。他在生活中言传身教，认真培养子女们良好的习惯和品性。良好的习惯与品性是教育的大方向，也是为人父母可以把握的确定性。人生是一场马拉松，方向永远是最重要的。不管未来社会是什么样，身体健康、品格端正、有学习能力和人际交往能力都是非常关键的，这些确定性的因素足以让孩子应对不确定的未来。

## 理性“打鸡血”，与孩子共同成长

当我们紧盯着孩子成长中的一些问题时，就会对孩子的未来产生焦虑甚至恐慌；当我们对孩子的未来有开放的认识和规划时，眼前孩子身上的这些问题就变得不足为道了。孩子在长大，他们的成长需要我们的帮助。我们可以适当给孩子打鸡血，但是一定要保持理性。也就是在合适的时间做合适的事，这种适度的理性既能提升孩子的学习能力与抗压能力，也能提升亲子关系，避免让家长和孩子都陷入疲惫不堪的状态。

《少有人走的路》一书中写道：“我们对现实的观念就像是一张地图……只有极少数幸运者能继续努力，不停地探索、扩大和更新自己对于世界的认识，直到生命终结。”其实，孩子的到来也是我们家长重新绘制人生地图的良好时机，家长会与孩子一起成长。与孩子共同成长，必然会伴随着痛苦。我们不妨给自己按下暂停键，来思考一下：孩子的真正幸福是什么？我们希望自己的孩子将来成为一个什么样的人？

陷入深度内卷下的“鸡娃”教育，怎么可能养育出一个有着健康人生底色的孩子？如果我们家长一味想让孩子进名校，就要舍弃家长与孩子的很多其他东西，问题是，即便孩子进了名校，他将来就一定会幸福吗？我们要清楚：绝大部分人的一生或许注定只能是普通人，但普通人的人生也可以活得很精彩。

不要让无谓的焦虑过度消耗我们，用成熟的经验和方法影响并引导孩子，和焦虑共存，理性掌控焦虑、克服焦虑，这才是我们在家庭教育中最应该为孩子做的事情。

# 参考文献


1. 陈鹤琴．陈鹤琴“家庭教育”家长实用手册 [M]. 南京：南京师范大学出版社，2019.
2. 彭聃龄．普通心理学（第 5 版）[M]. 北京：北京师范大学出版社，2019.
3. 林崇德．发展心理学（第三版）[M]. 北京：人民教育出版社，2018.
4. 戴维·迈尔斯．社会心理学（第 11 版）[M]. 侯玉波，乐国安，张智勇，译．北京：人民邮电出版社，2016.
5. 尼尔·菲奥里．战胜拖拉 [M]. 张心琴，译．北京：东方出版社，2013.
6. 西格蒙德·弗洛伊德．梦的解析 [M]. 孙名之，译．北京：国际文化出版公司，2013.
7. 林良．永远的孩子 [M]. 福建：福建少年儿童出版社，2019.
8. 边玉芳．读懂孩子：心理学家实用教子宝典（6～12 岁）[M]. 北京：北京师范大学出版社，2014.
9. 新东方家庭教育研究与指导中心．教育大咖答 100 问：解决育儿烦恼的实用工具书 [M]. 杭州：浙江教育出版社，2019.
10. 迈克尔·霍顿．自控力成就孩子一生：儿童行为问题管理手册 [M]. 陈海生，译．北京：机械工业出版社，2015.
11. 阿尔瓦罗·毕尔巴鄂．孩子的大脑：智商与情商的真相 [M]. 张冉星，译．北京：北京科学技术出版社，2018.
12. 安妮·布洛克，希瑟·亨得利．成长型思维训练：12 个月改变学生思维模式指导手册 [M]. 张婕，译．上海：上海社会科学院出版社，

2018.
13. 苏拉·哈特，维多利亚·霍德森．非暴力沟通亲子篇 [M]. 李红燕，译．北京：华夏出版社，2019.
14. 托马斯·戈登 .P.E.T. 父母效能训练：让亲子沟通如此高效而简单 [M]. 琼林，译．北京：中国发展出版社，2015.
15. 陈忻．养育的选择 [M]. 北京：中信出版社，2016.
16. 钟思嘉，王宏．儿童时间管理父母效能手册：30 天培养出孩子的责任感 [M]. 北京：清华大学出版社，2020.
17. Stixrud W, Johnson N.The self-driven child:the science and sense of giving your kids more control over their lives[M].Penguin Books, 2019.
18. Deci E L, Ryan R M. Self-determination theory[J].2012.
19. Schaefer C, Millman H L. How to help children with common problems[M]. Jason Aronson, Incorporated, 1994.
20. Hussong A M,Langley H A,Thomas T E,et al.Measuring gratitude in children[J].The journal of positive psychology,2019,14(5):563-575.
21. Larsen-Freeman D.Transfer of learning transformed[J].Language Learning,2013,63:107-129.
22. Huppertz C,Bartels M,Groen-Blokhuis M M,et al.The dopaminergic reward system and leisure time exercise behavior:a candidate allele study[J].BioMed research international, 2014.
23. Wipfli B,Landers D,Nagoshi C,et al. An examination of serotonin and psychological variables in the relationship between exercise and mental health[J].Scandinavian journal of medicine&science in sports,2011,21(3):474-481.
24. Montgomery A K,Shuffrey L C,Guter S J,et al.Maternal serotonin levels are associated with cognitive ability and core symptoms in autism spectrum disorder[J].Journal of the American Academy of Child&Adolescent Psychiatry,2018,57(11):867-875.